Inhalt

Ich begleite dich durch dieses Heft. Ich lebe im Meer und bin unter verschiedenen Namen bekannt: Tintenfisch, Oktopus oder Krake.

1

Es gibt verschiedene Möglichkeiten, wie du an Informationen gelangen kannst.

In einem Lexikon nachschlagen

Es gibt viele verschiedene Lexika, ganz allgemeine oder solche zu einem bestimmten Thema, z. B. Tiere oder Länder.
Manche Lexika sind noch spezialisierter, sie befassen sich z. B. nur mit Spinnen oder mit Pilzen.

- Überlege, worüber du etwas wissen möchtest.
  Wie heißt das Thema?

- Suche ein passendes Lexikon aus.

- Die Stichwörter im Lexikon sind nach dem Alphabet geordnet. Überlege dir ein passendes Stichwort. Suche an der richtigen Stelle.

- Lies den Text zu deinem Stichwort genau durch.

- Hast du die Antwort auf deine Frage gefunden? Falls nicht, schaue in einem anderen Lexikon nach oder nutze eine andere Möglichkeit, dich zu informieren.

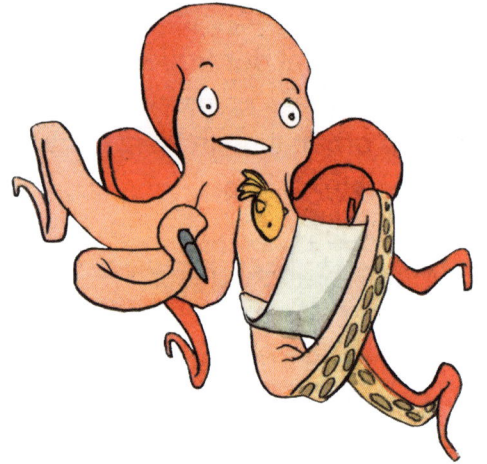

Lexika und Fachbücher kannst du in einer Bibliothek ausleihen. Dort kannst du häufig auch im Internet recherchieren.

In einem Fachbuch nachlesen

Zu vielen Themen gibt es Fachbücher. Sie enthalten sehr viele Informationen zu einem bestimmten Thema.

- Wähle ein passendes Fachbuch aus.

- Schaue dir das Inhaltsverzeichnis an.
  In welchem Kapitel könnte etwas zu deiner Frage stehen?

- Überfliege das Kapitel. Findest du eine Antwort?

- Lies das Kapitel, in dem du Informationen zu deiner Frage gefunden hast, genau.

Internetrecherche

Sprich „Internetreschersche".

- Öffne deinen Internetbrowser.

- Im Internet gibt es verschiedene
Suchmaschinen. Sie helfen dir,
Internetseiten zu bestimmten Themen
zu finden. Suchmaschinen für Kinder
sind z. B. www.blinde-kuh.de,
www.helles-koepfchen.de, www.milkmoon.de.

  Gib eine dieser Adressen oder die einer anderen
  Suchmaschine in den Browser ein.

- Auf der Startseite findest du ein weißes Feld.
Daneben befindet sich ein Feld „Suchen".

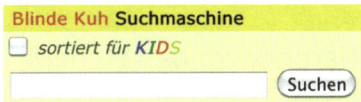

Klicke in das weiße Feld und schreibe
deinen Suchbegriff hinein.
Der Suchbegriff ist das Thema, zu dem
du etwas herausfinden (recherchieren)
möchtest.

Klicke nun auf „Suchen".

- Es erscheint eine Liste mit Internetseiten zu dem Suchbegriff.
Du kannst sie anklicken und auf diesen Seiten recherchieren.

Achtung!

Prüfe bei jeder Seite, ob die Informationen für dich wichtig sind.
Achte bei deiner Recherche darauf, wer die Internetseite geschrieben und
gestaltet hat. Ist es ein Experte für das Thema oder hat der Schreiber eine
bestimmte Absicht?

Experten befragen

Überlege, wer sich mit dem Thema, das dich interessiert, besonders gut
auskennt. Dieser Person kannst du deine Fragen stellen.

Betrachte die beiden Bilder. Was fällt dir auf?

_____

_____

Finde eine passende Überschrift.

_____

Bestimmt hast du schon einmal im Zoo oder im Tierpark vor den Gehegen der **Menschenaffen** gestanden. Zu ihnen gehören die Schimpansen, Orang Utans, Bonobos und Gorillas. Die Menschenaffen haben ihre Bezeichnung daher, weil sie mit dem Menschen verwandt sind. Sie haben sozusagen einen **gemeinsamen Urahn**, von dem sie abstammen: den Baumaffen.

Baumaffen lebten vor über 10 Millionen Jahren in Afrika. Sie wohnten vor allem in Bäumen. Diese boten ihnen Schutz und Nahrung. Dann änderte sich das Klima. Es wurde immer heißer und trockener. Die Bäume vertrockneten. Sie boten ihnen keinen Schutz mehr. Vor Feinden konnten sie sich nicht mehr verstecken.
Damit sie diese aber schon von weitem sehen konnten, mussten sie sich aufrichten. Über mehrere Millionen Jahre entwickelte sich die Fähigkeit des aufrechten Ganges.

Hast du die Seite fertig bearbeitet? Dann darfst du dir hinten einen Stern auf die Nummer 108 kleben.

Diese Entwicklung nennt man Evolution.

Homo heißt
übrigens
Mensch.

① Baumaffe
vor
10 Mio. Jahren

② Vormensch
vor etwa
4 Mio. Jahren

③ homo habilis
vor
2,1-1,5 Mio. Jahren

④ homo erectus
vor
1,8-0,2 Mio. Jahren

⑤ homo sapiens
seit ca.
200 000 Jahren

Probiere es aus: Laufe zwei Minuten lang auf allen Vieren durch das Zimmer. Was stellst du fest? Begründe mithilfe der Abbildungen.

_____

_____

   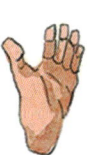 

Becken Mensch, Schimpanse

Welche weiteren Gemeinsamkeiten und Unterschiede stellst du fest?

Gemeinsamkeiten	Unterschiede beim Schimpansen

Hast du die Seite fertig bearbeitet? Dann darfst du dir hinten einen Stern auf die Nummer 74 kleben.

5

Wie bewegst du dich gerne? Kreuze die entsprechenden Tätigkeiten an. Hast du noch andere Ideen, dann schreibe sie auf die leeren Zeilen.

- ☐ tanzen
- ☐ reiten
- ☐ Rad fahren
- ☐ Treppen steigen

- ☐ Inline skaten
- ☐ schwimmen
- ☐ klettern
- ☐ hüpfen

- ☐ rennen
- ☐ rollen
- ☐ kriechen
- ☐ weitspringen

_____ _____ _____

Deine Wirbelsäule macht viele Bewegungen möglich. Dafür muss sie extrem beweglich sein. Wie schafft sie das?

Fahre vorsichtig in der Mitte deinen Rücken entlang. Taste die Wirbelsäule ab. Was fühlst du?

_____

_____

_____

_____

_____

_____

_____

_____

Zeichne die Wirbelsäule so, wie du sie ertastest hast.

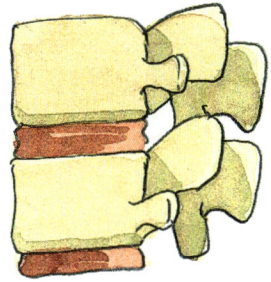

Beim Abtasten hast du kleine „Höcker" gespürt. Diese vielen kleinen Knochen heißen **Wirbelkörper**. Dazwischen liegen bewegliche Knorpelscheiben. Sie heißen **Bandscheiben**. Sie sind dehnbar und bewirken, dass die einzelnen Knochen nicht aneinander reiben.

Male die Wirbelkörper in der Zeichnung gelb an.
Färbe die Bandscheiben blau ein und verbinde mit den Kästchen.

Die Wirbelsäule ist sehr lang. Sie verläuft über den gesamten Rücken und ist s-förmig. Man teilt sie in fünf Abschnitte ein. Beschrifte die Abschnitte der Wirbelsäule mithilfe der Textbausteine.

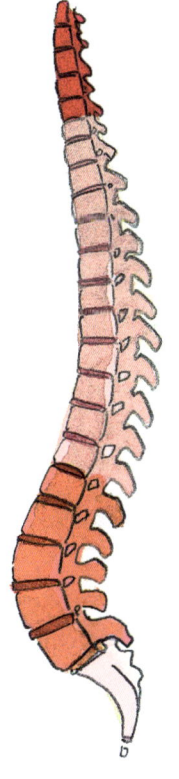

Das **Steißbein** ist der unterste Abschnitt der Wirbelsäule. Es ist nach unten hin spitz.

Die größte Wölbung besteht an der **Lendenwirbelsäule**. Sie besteht aus 5 Wirbeln.

Der längste Abschnitt der Wirbelsäule ist die **Brustwirbelsäule**. Sie besteht aus 12 Wirbeln und hat einen Bogen.

Der obere Teil der Wirbelsäule heißt **Halswirbelsäule**. Sie ist das Verbindungsstück zwischen Kopf und Brustwirbelsäule.

Der vorletzte Teil der Wirbelsäule heißt **Kreuzbein**. Am Kreuzbein lassen sich keine einzelnen Wirbel erkennen. Dies liegt daran, dass sie im Laufe der Evolution zusammengewachsen sind.

Hast du die Seite fertig bearbeitet? Dann darfst du dir hinten einen Stern auf die Nummer 21 kleben.

7

Insgesamt besteht unser Körper aus über 200 Knochen.
Sie bilden insgesamt das menschliche Skelett.

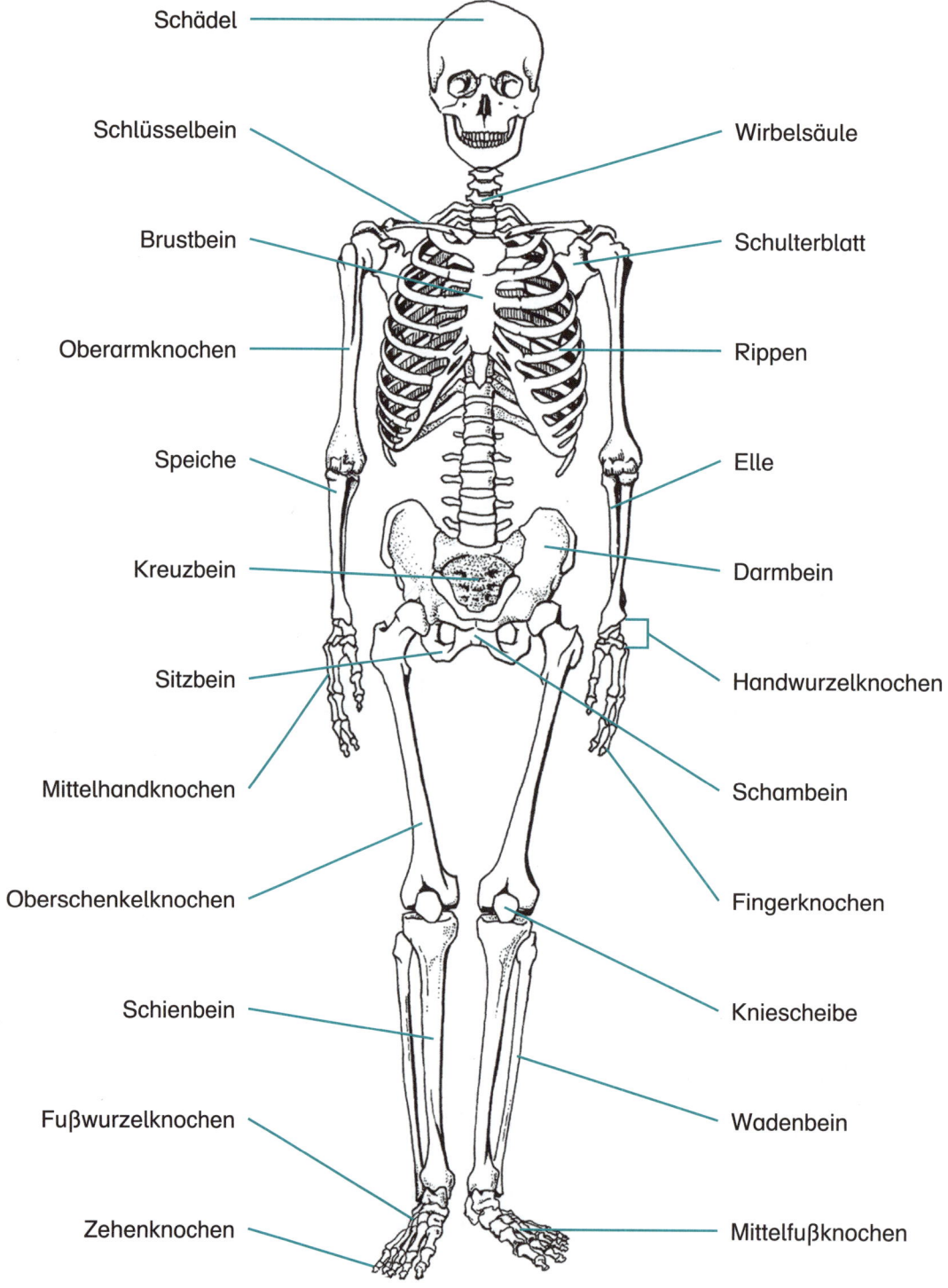

Schädel

Schlüsselbein

Brustbein

Oberarmknochen

Speiche

Kreuzbein

Sitzbein

Mittelhandknochen

Oberschenkelknochen

Schienbein

Fußwurzelknochen

Zehenknochen

Wirbelsäule

Schulterblatt

Rippen

Elle

Darmbein

Handwurzelknochen

Schambein

Fingerknochen

Kniescheibe

Wadenbein

Mittelfußknochen

Löse das Rätsel mithilfe der Abbildung des Skelettes.

Der längste Knochen heißt …

					1				2										

Ohne diesen Knochen wäre unser Kopf ungeschützt.

					3	4

Am oberen Rücken gibt es ihn zweimal in Blattform …

					5						6	7

Für Fußballer ist dieser vordere Beinknochen sehr wichtig:

Unsere inneren Organe wie Herz, Leber und Magen werden durch die vielen bogenförmigen Knochen geschützt.

Am Unterarm befindet sich ein länglicher Knochen, der die gleiche Bezeichnung wie ein Teil des Fahrrades trägt.

Lösungswort:

1	2	3	4	5	6	7

Wusstest du, dass sich der kleinste menschliche Knochen im Ohr befindet? Er heißt Steigbügel.

Wusstest du, dass deine Knochen mit etwa 20 Jahren aufhören zu wachsen?

Hast du die Seite fertig bearbeitet? Dann darfst du dir hinten einen Stern auf die Nummer 70 kleben.

9

Probiere es aus: Versuche dich mit dem rechten gestreckten Arm an deiner linken Schulter zu kratzen. Was stellst du fest?

_____

_____

Was musst du tun, damit deine rechte Hand die linke Schulter erreichen kann?

_____

Wie ist es möglich, dass wir den Oberarm beugen und strecken können?

Die einzelnen Knochen sind starr. Damit du deine Körperteile drehen, beugen und strecken kannst, brauchst du bewegliche Verbindungsstücke: die Gelenke.
Es gibt viele verschiedene Gelenkarten, zum Beispiel das Scharniergelenk.

Ein Scharniergelenk liegt zwischen Unterarm und Oberarm.

Kreuze an, welche Bewegungen du damit ausführen kannst. Wichtig ist, dass du die Bewegungen nicht mit der Schulter, sondern nur mit dem Unterarm ausführst. Am besten hältst du den Oberarm fest.

☐ Der Arm lässt sich beugen und strecken.

☐ Ich kann den Unterarm nach hinten umknicken.

☐ Der Unterarm lässt sich nach außen abknicken.

Wo findest du Scharniere in deiner Umwelt? Markiere sie.

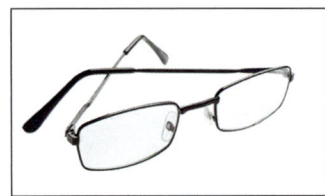  

So sieht ein Kugelgelenk aus. Oberschenkel und Becken sind damit verbunden.

Stelle dich hin und halte dich mit einer Hand fest. Dein rechtes Bein ist gestreckt. Kreuze an, welche Bewegungen du damit machen kannst.

☐ Das Bein lässt sich auf und ab bewegen.

☐ Ich kann mein Bein in der Luft von links nach rechts bewegen.

☐ Ich kann mein Bein nach hinten bewegen.

Mit welchem Gelenk kannst du mehr Bewegungen ausführen? Kreuze an.

☐ Scharniergelenk ☐ Kugelgelenk

Scharniergelenk oder Kugelgelenk? Probiere es aus, indem du deine Körperteile bewegst und kreuze an.

Dein Körperteil	Kugelgelenk	Scharniergelenk

Hast du die Seite fertig bearbeitet? Dann darfst du dir hinten einen Stern auf die Nummer 115 kleben.

11

Der Mensch hat über 600 Muskeln. Für jede kleinste Bewegung sind gleich mehrere Muskeln verantwortlich sind. Manche Muskeln haben nie Ruhe. Dein Herz ist auch so ein Muskel. Es ist ständig in Aktion. Muskeln können vom Gehirn gesteuert werden. Das Gehirn bekommt auch die Information, wenn es deinen Muskeln einmal schlecht geht, z. B. bei Muskelkater.

Spüre nach: Lege dich auf den Boden auf den Bauch und versuche dich mehrmals nach oben zu drücken. Wo spürst du Muskeln?

Umfasse mit der rechten Hand den linken Oberarm. Mache links eine feste Faust und beuge den Arm. Was stellst du fest?

Strecke den Arm jetzt mit der Faust aus und ziehe ihn leicht nach hinten. Spüre mit deiner rechten Hand: Was passiert mit dem Oberarm?

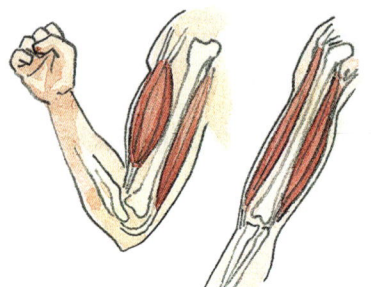

Muskeln können nur ziehen, nicht drücken. Deshalb arbeiten immer zwei Muskeln zusammen: Ein Muskel zieht in die eine Richtung, der andere zieht ihn wieder zurück. So erzeugt der Körper alle Bewegungen, die er braucht.

Zum Lächeln brauchst du nur zwei Muskeln!

Hast du die Seite fertig bearbeitet? Dann darfst du dir hinten einen Stern auf die Nummer 44 kleben.

Als Bewegungsexperte ist es nun sicher kein Problem für dich,
die drei Begriffe in dem Suchsel zu finden, die der Mensch braucht, um sich
zu bewegen. **Markiere sie**.

M	G	H	I	P	Ü	D	F	O	A
P	U	D	A	Ö	A	Q	W	R	D
T	O	S	M	V	X	Y	A	Q	O
W	Ü	M	K	G	S	O	B	V	L
F	G	D	N	E	A	F	R	S	K
F	D	X	O	L	L	A	Q	M	E
P	E	Y	C	E	G	N	Z	X	Ä
R	O	S	H	N	W	S	Ü	S	Z
G	U	W	E	K	N	J	K	H	Y
H	I	J	N	E	K	L	M	N	O

Ähnlich wie ein Auto verbraucht dein Körper Energie, wenn er sich bewegt. Natürlich benötigt der Mensch kein Benzin, sondern einen anderen „Kraftstoff": die Nahrung. Bekommt er zu wenig, wird er müde und ist nicht mehr so leistungsstark.

Hüpfe eine Minute auf der Stelle. Was spürst du?

_____

_____

Jeder Muskel und jedes Organ verbraucht Energie, wenn es in Aktion ist. Die Energie misst man in Kalorien. Je schneller und ausdauernder wir uns bewegen, desto mehr Kalorien verbrauchen wir.

Verbinde die Bilder mit dem passenden Kalorienverbrauch in einer halben Stunde.

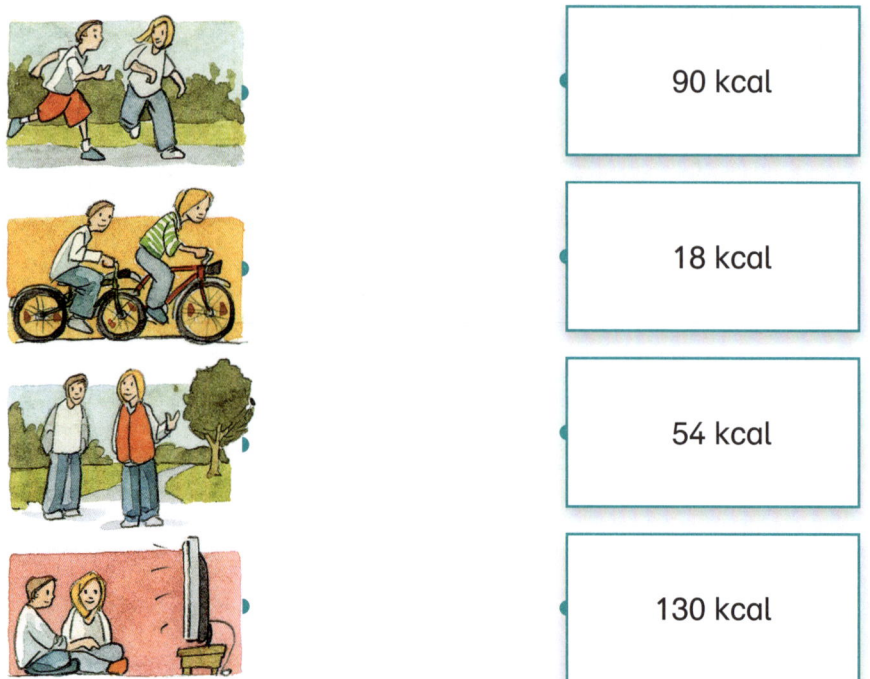

90 kcal

18 kcal

54 kcal

130 kcal

Dein Körper verbraucht auch Kalorien, wenn du schläfst. Überlege:

_____

_____

Wie viele Kilokalorien (kcal) jeder Mensch benötigt, hängt von seinem Alter und seiner Tätigkeit ab.

Kinder zwischen sieben und zehn Jahren verbrauchen ungefähr 1800 Kilokalorien am Tag. Jedes Nahrungsmittel beinhaltet eine bestimmte Menge davon. Die Kilokalorienangaben findest du auf den Verpackungen.

Finde die Kilokalorienangaben auf den Etiketten der Lebensmittel. Markiere sie mit einem Textmarker.

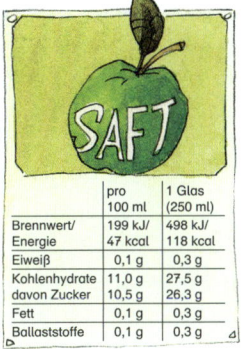

	pro 100 ml	1 Glas (250 ml)
Brennwert/ Energie	199 kJ/ 47 kcal	498 kJ/ 118 kcal
Eiweiß	0,1 g	0,3 g
Kohlenhydrate davon Zucker	11,0 g 10,5 g	27,5 g 26,3 g
Fett	0,1 g	0,3 g
Ballaststoffe	0,1 g	0,3 g

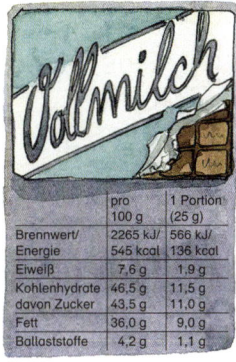

	pro 100 g	1 Portion (25 g)
Brennwert/ Energie	2265 kJ/ 545 kcal	566 kJ/ 136 kcal
Eiweiß	7,6 g	1,9 g
Kohlenhydrate davon Zucker	46,5 g 43,5 g	11,5 g 11,0 g
Fett	36,0 g	9,0 g
Ballaststoffe	4,2 g	1,1 g

	pro 100 g	1 Portion (40 g + 60 ml Milch)
Brennwert/ Energie	1408 kJ/ 333 kcal	683 kJ/ 162 kcal
Eiweiß	7,5 g	5,0 g
Kohlenhydrate davon Zucker	67,7 g 27,1 g	28,8 g 13,7 g
Fett	2,9 g	2,1 g

	pro 100 g	1 Portion (25 g)
Brennwert/ Energie	1990 kJ/ 475 kcal	498 kJ/ 119 kcal
Eiweiß	6,2 g	1,6 g
Kohlenhydrate davon Zucker	63,0 g 1,2 g	16,0 g 0,3 g
Fett	22,0 g	5,5 g
Ballaststoffe	4,2 g	1,1 g

Was passiert, wenn du zu viele Kalorien zu dir nimmst? Stelle Vermutungen an.

_____

_____

Allgemeine Tageszeitung

Ärzte mahnen:
Chips und Dauerfernsehen machen unsere Kinder dick. Neueste Zahlen zeigen eine ständige Zunahme von übergewichtigen Kindern.

Erkläre, warum das ein Grund für Übergewicht ist.

_____

_____

_____

_____

_____

_____

 **Weißt du, was passiert?**

_____

_____

Stelle dir vor, du hast zwei Gläser. In dem ersten Glas ist frische Luft, in dem zweiten Glas ist Luft, die du ausgeatmet hast.

Überlege, in welchem Glas die Flamme länger brennt. Kreuze an:

☐ Glas mit frischer Luft　　　　☐ Glas mit ausgeatmeter Luft

Was glaubst du, warum das so ist? Schreibe auf.

_____

_____

_____

Eine Kerze braucht Sauerstoff, um zu brennen. Auch Menschen brauchen Sauerstoff, um die tägliche Nahrung zu verbrennen. Durch die Verbrennung, die ganz schonend in all unseren Muskeln geschieht, hält unser Körper seine Temperatur von 37 °C.
Deshalb kannst du auch nicht aufhören zu atmen. Wenn du versuchst, die Luft anzuhalten, gelingt es dir nur einige Sekunden.

Versuche zur Atmung
Setze dich ruhig hin und atme bewusst ein und aus. Atme ruhig weiter und zähle nun, wie oft du in einer Minute ein- und ausatmest.
Mein Ergebnis:

_____

Laufe nun 2 Minuten auf der Stelle. Wiederhole den Versuch.

Mein Ergebnis nach der Anstrengung: _____

Je mehr du dich bewegst, desto _____ Nahrung wird verbrannt,

desto _____ musst du atmen, weil deine Muskeln _____

Sauerstoff benötigen.

Doch wie viel Luft atmest du mit einem Atemzug ein?
Probiere es aus:

Du brauchst: eine 1l-PET-Flasche, ein Waschbecken, in das die Flasche passt und einen Knickstrohhalm

Fülle die Flasche und das Waschbecken mit Wasser. Lege die Flasche so in das Wasser, dass der Flaschenhals mit Wasser bedeckt ist. Nimm nun den Strohhalm, atme tief ein. Führe den Halm in die Wasserflasche und puste so lange du kannst durch den Halm. Sobald du keine Puste mehr hast, schließe den Flaschenhals mit deiner Hand und hole die Flasche aus dem Wasser.

Das fehlende Wasser entspricht einem Atemzug.

Die Lunge versorgt unseren Körper mit Luft. Wie sie das macht, kannst du selbst herausfinden.

Du brauchst: eine 1,5l PET-Flasche und einen Luftballon

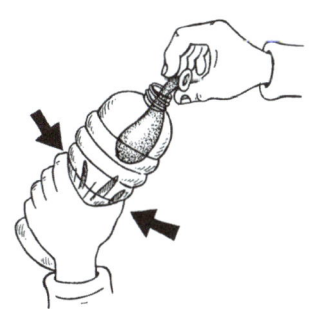

Stecke den Ballon in die Flasche. Drücke die Flasche zusammen. Streife nun die Öffnung des Ballons vorsichtig über den Flaschenhals. Es darf keine Luft mehr in die Flasche kommen. Lass die Flasche wieder los.

Notiere, was passiert: _____

Drücke die Flasche wieder zusammen. Was passiert nun:

_____

_____

Hast du die Seite fertig bearbeitet? Dann darfst du dir hinten einen Stern auf die Nummer 99 kleben.

17

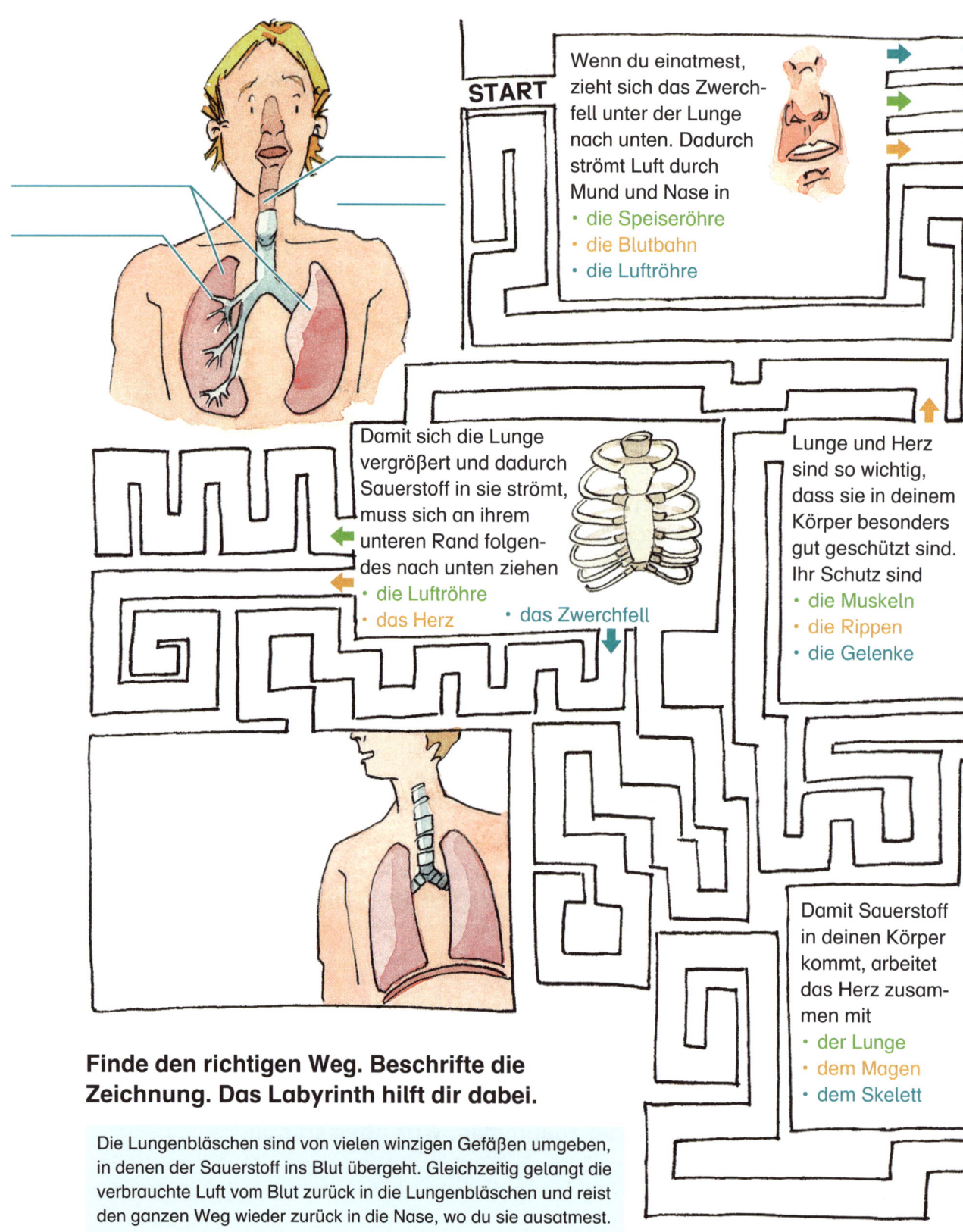

START

Wenn du einatmest, zieht sich das Zwerchfell unter der Lunge nach unten. Dadurch strömt Luft durch Mund und Nase in

- die Speiseröhre
- die Blutbahn
- die Luftröhre

Damit sich die Lunge vergrößert und dadurch Sauerstoff in sie strömt, muss sich an ihrem unteren Rand folgendes nach unten ziehen

- die Luftröhre
- das Herz
- das Zwerchfell

Lunge und Herz sind so wichtig, dass sie in deinem Körper besonders gut geschützt sind. Ihr Schutz sind

- die Muskeln
- die Rippen
- die Gelenke

Damit Sauerstoff in deinen Körper kommt, arbeitet das Herz zusammen mit

- der Lunge
- dem Magen
- dem Skelett

Finde den richtigen Weg. Beschrifte die Zeichnung. Das Labyrinth hilft dir dabei.

Die Lungenbläschen sind von vielen winzigen Gefäßen umgeben, in denen der Sauerstoff ins Blut übergeht. Gleichzeitig gelangt die verbrauchte Luft vom Blut zurück in die Lungenbläschen und reist den ganzen Weg wieder zurück in die Nase, wo du sie ausatmest.

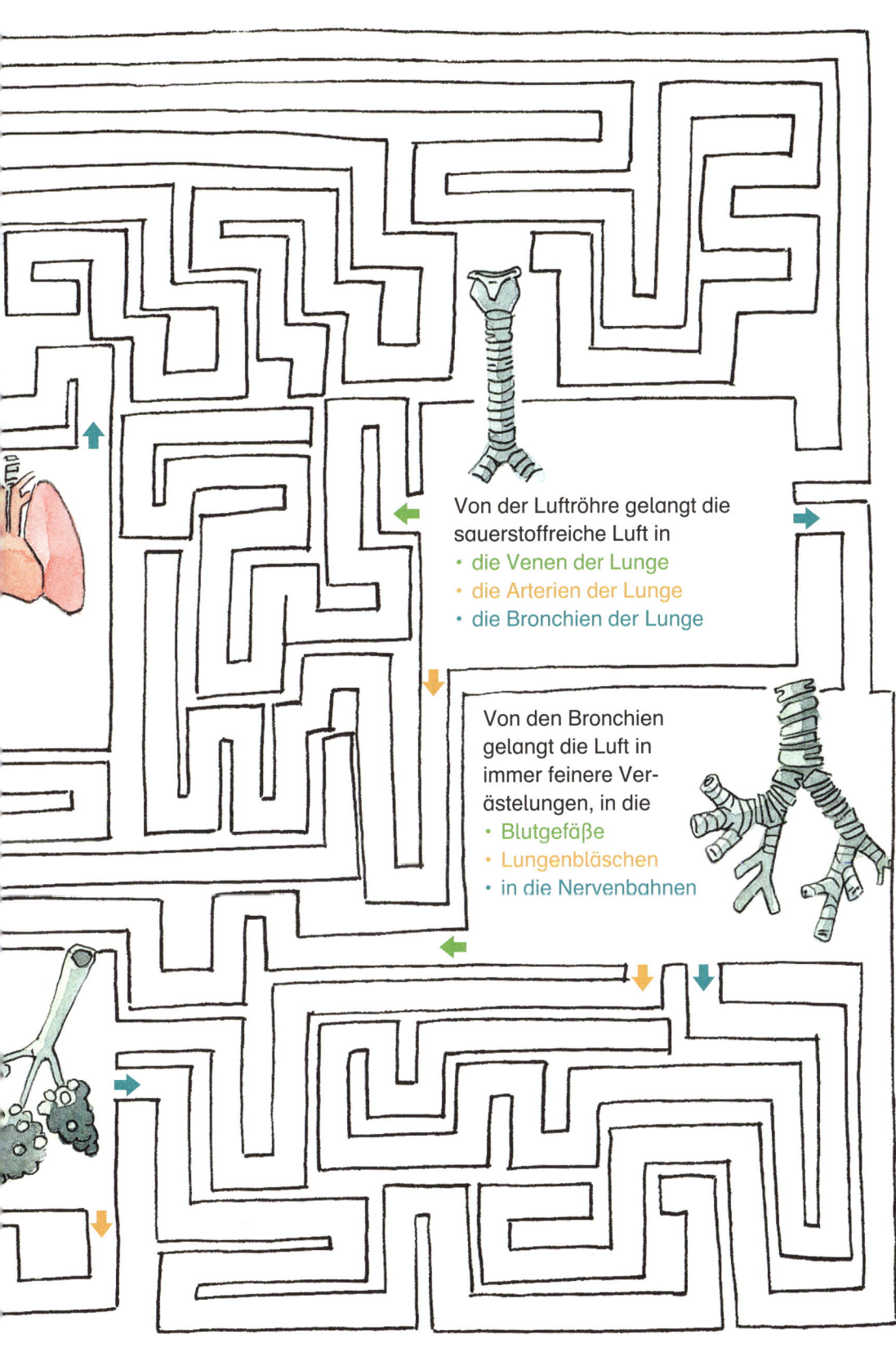

Von der Luftröhre gelangt die sauerstoffreiche Luft in
· die Venen der Lunge
· die Arterien der Lunge
· die Bronchien der Lunge

Von den Bronchien gelangt die Luft in immer feinere Ver-ästelungen, in die
· Blutgefäße
· Lungenbläschen
· in die Nervenbahnen

Hast du die Seiten fertig bearbeitet? Dann darfst du dir hinten einen Stern auf die Nummer 136 kleben.

19

Du kannst selbst herausfinden, wie dein Herz jetzt gerade arbeitet:

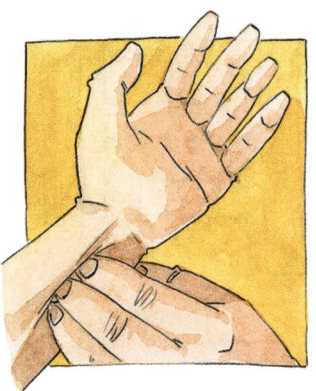

Ertaste mit den Fingerkuppen von Zeige-, Mittel- und Ringfinger der rechten Hand deinen Puls an der Daumenseite des linken Handgelenks. Wenn du kein leichtes Pochen spüren kannst, verschiebe deine Finger leicht, bis du etwas merkst.
Jedes Pochen entspricht einem Schlag deines Herzens.

Wie oft schlägt dein Herz pro Minute? _____

Probiere aus: Stoppe eine Minute auf der Uhr und zähle die Schläge:

_____

Was passiert mit deinem Herzschlag, wenn du schnell gerannt bist?

_____

Überlege: Schlägt dein Herz im Schlaf

☐ schneller   oder   ☐ langsamer?

Bei einem Erwachsenen schlägt das Herz ungefähr 70, bei einem Kind bis zu 100 Mal in der Minute.

Doch warum schlägt dein Herz überhaupt?
Dein Herz ist ein Muskel. Er ist ungefähr so groß wie deine Faust. Mit jedem Schlag pumpt er Blut durch deinen Körper und versorgt ihn mit Sauerstoff und Nährstoffen.
Er sorgt auch dafür, dass Giftstoffe deinen Körper wieder verlassen können.

Dein Herz pumpt das Blut im Kreis. Sauerstoffarmes Blut fließt vom Herzen zuerst in die Lunge. Dort wird es mit Sauerstoff angereichert.
Das nun sauerstoffreiche Blut fließt zum Herzen zurück.

Das Blut läuft im Kreis

Das Herz besteht aus zwei getrennten Hauptkammern.

Die _____ Herzkammer pumpt nur sauerstoffreiches Blut aus

der Lunge in den Körper. Die Blutbahnen, die sauerstoffreiches Blut trans-

portieren, nennt man _____ . Blutbahnen, die sauerstoff-

armes Blut transportieren, nennt man _____ . In der rechten

Herzkammer kommt das sauerstoffarme Blut aus den _____

vom Körper an. In den _____ fließt sauerstoffreiches Blut

vom Herzen weg in den Körper.

Die zum Herzen hinführenden Venen enthalten Venenklappen.
Sie verhindern, dass Blut, das zum Beispiel von den Beinen wieder hoch
zum Herzen gelangen muss, wieder zurückfließt.

Fülle den Lückentext aus. Die Zeichnung hilft dir.
Zeichne sauerstoffreiches Blut rot, sauerstoffarmes Blut blau.

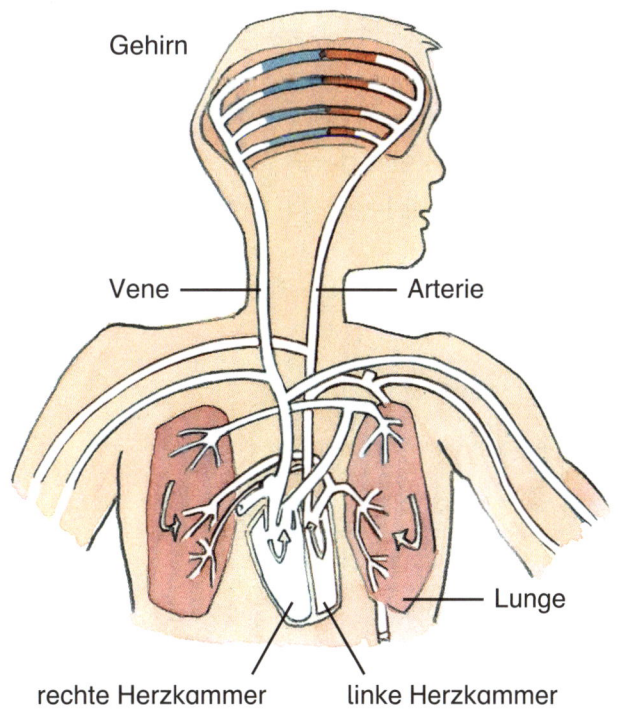

Gehirn

Vene —— —— Arterie

—— Lunge

rechte Herzkammer   linke Herzkammer

Hast du die Seite fertig bearbeitet? Dann darfst du dir hinten einen Stern auf die Nummer 145 kleben.

21

1. Haare und unsere Finger- und Fußnägel bestehen aus einer Art Horn.
   Darum tut es nicht weh, wenn du dir die Haare oder Nägel schneidest.

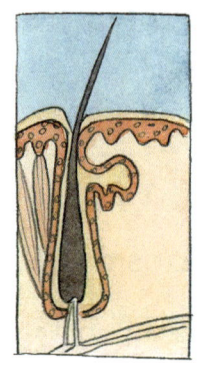

2. Jedes Haar wächst aus einer Haarwurzel unter der Haut heraus. Täglich wachsen Haare etwa 0,3 Millimeter, in einem Jahr ungefähr 15 Zentimeter.

3. Jedes Haar auf deinem Kopf wächst nur ungefähr zwei bis sechs Jahre lang. Danach stirbt es ab und fällt aus. Deshalb ist es ganz normal, dass jeden Tag bis zu 100 Haare ausfallen. Aber aus der Haarwurzel wächst wieder ein neues Haar.

4. Manche Männern bekommen ab einem bestimmten Alter kahle Stellen oder sogar eine Glatze. Schuld daran sind Hormone (Botenstoffe im Körper). Sie verhindern, dass sich Haare neu bilden. Fällt ein Haar aus, wächst kein neues nach. Werden Frauen älter, sorgen Hormone dafür, dass ihre Haare dünner werden. Richtige Glatzen wie bei Männern sind bei ihnen aber selten.

5. Die Farbe deiner Haare hast du vererbt bekommen.
   Der Farbstoff, der deinen Haaren Farbe verleiht, heißt Melanin. Je älter du wirst, desto weniger Farbstoff baut der Körper in die Haare ein. Die Haare werden farblos. An Stelle der Farbe lagern sich kleine Luftbläschen in das Haar ein. Scheint Licht auf die Haare, schimmern sie grau.

Wo findest du die folgenden Infos im Text?

	Kapitel Nr.
Jedes Haar wird höchstens sechs Jahre alt.	
Haare und Nägel bestehen aus einer Art Horn.	
Botenstoffe verhindern, dass ausgefallenen Haare nachwachsen.	
Kleine Luftbläschen lassen Haare grau schimmern.	
Der Farbstoff, der Haare färbt, heißt Melanin.	
Ein Haar braucht ungefähr drei Tage, um einen Millimeter zu wachsen.	

Was kannst du mit deinen Fingernägeln alles machen? Schreibe auf:

_____

Fingernägel wachsen schneller als Zehennägel, etwa zweieinhalb Millimeter jeden Monat. Das heißt, dass du deine Fingernägel öfter kürzen musst als deine Zehennägel.

Doch wie pflegst du deine Nägel richtig? Die Bilder helfen dir, den Lückentext richtig zu füllen:

Finger und Fußnägel dürfen nicht zu _____

werden, weil sie sonst einreißen.

Auch sollen die Fingernägel nicht zu weit über die Fingerspitzen (Finger-

kuppen) hinauswachsen. Besonders unter den Nägeln tummeln sich viele

Bakterien. Benütze regelmäßig eine _____ , um hier gut zu

reinigen.

Deine Fußnägel schneidest du am besten nach dem _____ ,

weil sie dann weicher sind.

Für die Fußnägel benutzt du eine _____ .

Kürze deine Fingernägel besser mit einer _____

und bringe sie in die richtige Form.

Fußnägel sollen _____ abgeschnitten werden,

damit sie nicht in die Haut wachsen.

Pflege nicht nur deine Nägel. Wasche auch Hände und Füße regelmäßig, trockne sorgfältig ab und creme sie ein.

Diese Wörter helfen dir: Schere, Waschen, Feile, lang, gerade, Bürste

Hast du die Seite fertig bearbeitet? Dann darfst du dir hinten einen Stern auf die Nummer 146 kleben.

23

Versuche herauszufinden, wie viele Haare du ungefähr auf deinem Kopf hast. Deine Haarfarbe verrät es dir:
Die dünnsten Haare sind blond, die dicksten rot. Braune Haare sind dicker als schwarze. Je dünner das Haar einer Haarfarbe, umso mehr Haare wachsen auf dem Kopf.

Verbinde, was zusammengehört.

75 000 Haare
150 000 Haare
110 000 Haare
100 000 Haare

Welche Farbe haben deine Haare: _____

So viele Haare wachsen ungefähr auf deinem Kopf: _____

Doch warum haben wir überhaupt Haare?
Forscher vermuten, dass sie ein Überbleibsel der Urmenschen sind.
Unsere Vorfahren hatten am ganzen Körper dichte Behaarung.

Warum brauchen wir das heute nicht mehr?
Überlege und schreibe auf.

_____

_____

Hast du die Seite fertig bearbeitet? Dann darfst du dir hinten einen Stern auf die Nummer 135 kleben.

Nicht alle Menschen haben an den gleichen Körperstellen Haare.
Zeichne ein, an welchen Stellen bei einem Kind, einer Frau und einem Mann Haare wachsen:

Heute sind nur noch wenige Stellen unseres Körpers behaart. Aber diese Haare haben jeweils wichtige Aufgaben. Verbinde die Bilder mit den passenden Texten.

Schützt unser Gehirn vor zuviel Wärme und Kälte und Sonnenstrahlen.

Schützt den Intimbereich, verhindert, dass Haut auf Haut reibt und sich so aufscheuert.

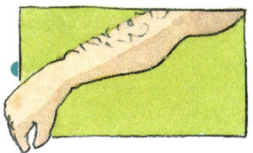

Berührungen spüren wir früher und deutlicher.

Hier befinden sich viele Schweißdrüsen. Die Haare helfen, dass der Schweiß besser aus der Haut abgegeben werden kann.

Hast du die Seite fertig bearbeitet? Dann darfst du dir hinten einen Stern auf die Nummer 112 kleben.

25

Ein Mensch kann 40 Tage ohne Essen überleben – aber nur 3-4 Tage ohne zu trinken.
Denn dein Körper besteht aus unzähligen Körperzellen. Fast jede Körperzelle speichert Wasser. Nur selten kannst du dieses Wasser sehen.

Überlege. Wo findest du in deinem Körper Flüssigkeiten?

_____

_____

Verbinde Bild und Text. Dann weißt du, wo überall im Körper Flüssigkeit ist.

Es ist rot, fließt und bringt Sauerstoff und Nahrung zu den Zellen:

_____

Es ist gelb, dein Körper scheidet damit Stoffe aus, die er nicht mehr braucht:

_____

Im Mund macht diese Flüssigkeit aus deiner Nahrung einen Speisebrei:

_____

Die Flüssigkeit tritt immer aus, wenn dir sehr heiß ist:

_____

Es ist durchsichtig und fließt, wenn du traurig bist:

_____

Bei Kälte kannst du die darin enthaltene Flüssigkeit als Dampf sehen:

_____

Soviel Wasser verbraucht der Körper täglich:

	Menge
Schwitzen	500 ml
Die Nieren filtern aus dem Blut die Schadstoffe und bilden Urin.	1500 ml
Durch den Stuhlgang (Kot) verlassen den Körper	100 ml
Über die Atemluft verliert der Körper	400 ml
Gesamtmenge	

Zeichne den Flüssigkeitsstand richtig ein:

| Schweiß | Urin | Stuhlgang | Atem |

Dein Körper verliert nicht jeden Tag gleich viel Wasser.
Kreuze an, wodurch dein Wasserverbrauch steigt:

	Höherer Wasserverbrauch
Große Hitze	
Fernsehen	
Starker Wind	
Fieber	
Durchfall/Erbrechen	
Schulunterricht	
Sportunterricht	
Trockene Heizungsluft im Zimmer	
Spaziergang bei Regen	

Verlorenes Wasser musst du deinem Körper zurückgeben.

Hast du die Seite fertig bearbeitet? Dann darfst du dir hinten einen Stern auf die Nummer 46 kleben.

27

In deinem Körper herrscht ein ausgeklügeltes Gleichgewicht – wenn du genug trinkst. Trinkst du zu wenig, schickt dir dein Körper Warnsignale. **Kannst du sie deuten? Kreuze richtige Aussagen an:**

☐ Trinkst du zu wenig, wird dir schwindelig.

☐ Trinkst du zu wenig, musst du ständig auf die Toilette.

☐ Trinkst du zu wenig, kannst du dich nicht mehr gut konzentrieren, weil dein Blut dicker wird und nicht mehr so leicht durch deinen Körper fließt.

☐ Trinkst du zu wenig, kannst du dich gut konzentrieren, weil du nicht ständig abgelenkt bist.

☐ Trinkst du zu wenig, kannst du keine tollen sportlichen Leistungen bringen, weil dein Herz sich mehr anstrengen muss, das dicke Blut durch den Körper zu pumpen.

☐ Trinkst du zu wenig, wird dein Urin ganz dunkelgelb. Die Nieren versuchen möglichst viel Wasser im Körper zurückzubehalten.

Ungefähr 2,5 l Wasser scheidet der Körper jeden Tag aus. Trotzdem musst du nicht diese gesamte Menge trinken. Denn auch das, was du isst, enthält Flüssigkeit.

In einem Trinkprotokoll kannst du genau aufschreiben, wie viel und was du jeden Tag trinkst. Bist du 7-9 Jahre, solltest du auf 5 Gläser kommen, bist du älter, solltest du 6 Gläser trinken. Mache für jedes getrunkene Glas einen Strich.

In Eistee, Limo oder Cola stecken viel Zucker. Der macht dick und ist schlecht für deine Zähne. Achte deshalb darauf, möglichst wenig Striche im letzten Feld zu haben.

	MO	DI	MI	DO	FR	SA	SO
Mineral- oder Leitungswasser							
Tee							
Saftschorle							
Getränke mit Zucker							
Gesamtmenge							

Tolle Trinkrezepte – fast ohne Zucker. Probiere sie aus.

Hexenblut

Du brauchst:
2 Gläser kalten, roten Früchtetee, 2 Gläser Johannisbeersaft, 1 Glas Mineralwasser, Saft einer 1/2 Zitrone,
viele Eiswürfel, etwas Zucker

So geht's:
Mische den Früchtetee mit dem Johannisbeersaft und
dem Mineralwasser. Den Zitronensaft und die Eiswürfel
dazu geben und alles mit etwas Zucker abschmecken.

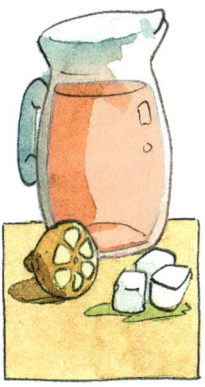

Vitaminschub

Du brauchst:
2 Orangen, 2 Gläser Sprudel, Eiswürfel

So geht's:
Presse die Orangen aus, mische sie mit dem Sprudel
und gib die Eiswürfel dazu.

Winterfeuer

Du brauchst:
1 Flasche Apfelsaft, 2 Orangen, 2 Zitronen (beides
ungespritzt), 1 Esslöffel Honig, 1 Zimtstange

So geht's:
Erwärme den Apfelsaft in der Mikrowelle mithilfe eines
Erwachsenen. Presse die Orangen und Zitronen aus
und gieße sie in den Apfelsaft. Gib Zimt dazu und rühre
den Honig unter.
Alles noch mal kurz in der Mikrowelle erhitzen.
Vorsicht – es darf nicht kochen.

Hast du die Seite fertig bearbeitet? Dann darfst du dir hinten einen Stern auf die Nummer 101 kleben.

29

1. Versuch:
Renne solange, bis du schwitzt oder laufe Treppen hoch und runter.
Notiere, wo du überall schwitzt:

_____

2. Versuch:
Trockne nach dem Baden nur eine Körperhälfte richtig ab. Die andere bleibt nass. Verlasse so das warme Badezimmer. Notiere, was du spürst.

_____

Wenn wir uns richtig anstrengen oder es draußen sehr heiß ist, fängt der Körper an zu schwitzen. Schweiß tritt über winzig kleine Schweißdrüsen aus. Auf der Haut verdunstet er, kühlt sie dadurch ab und wirkt wie eine Klimaanlage. So verhindert der Körper, dass ihm innerlich zu heiß wird. Jeder Mensch hat über drei Millionen Schweißdrüsen – überall auf der Haut verteilt. Schweiß von Kindern besteht fast nur aus Wasser. Er riecht nicht. Erst in der Pubertät entwickeln sich die Schweißdrüsen unter den Armen und im Bereich der Geschlechtsorgane. Nur diese Schweißdrüsen sondern Duftstoffe ab. Wenn die Duftstoffe und der Schweiß von Bakterien zersetzt werden, riecht man das.

Verbinde zu sinnvollen Sätzen:

Schwitzen ist die	riecht nicht.
Auf der Haut sitzen etwa	sondern auch Duftstoffe ab.
Schweiß von Kindern	Klimaanlage unseres Körpers.
Nur die Schweißdrüsen unter den Armen und im Schambereich	riecht man das.
Wenn der Schweiß von Bakterien zersetzt wird,	drei Millionen Schweißdrüsen.

Verbinde Bild und passenden Text:

Wasche und dusche regelmäßig morgens, weil du auch nachts schwitzt. Vergiss dabei deine Haare nicht.

Waschen allein genügt nicht. Der Körpergeruch geht auch auf deine Kleidung über. Wechsle deshalb täglich Unterwäsche und Socken.

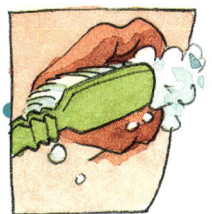

Putze dir mindestens zwei Mal täglich die Zähne. So verhinderst du Mundgeruch.

Besonders viele Schweißdrüsen gibt es an den Füßen. Deshalb schwitzt du in geschlossenen Schuhen. Trage zu Hause offene Schuhe und wechsle deine Schuhe regelmäßig.

Deos können Waschen und Duschen nicht ersetzen. Sie wirken nur auf frisch gewaschener Haut, auf der sich keine Bakterien befinden. Deos verhindern, dass Bakterien den Schweiß zersetzen.

Wenn deine Milchzähne ausfallen, wachsen die Zähne des bleibenden Gebisses nach. Es besteht aus 16 Zähnen im Oberkiefer und 16 Zähnen im Unterkiefer, also insgesamt 32 Zähnen.

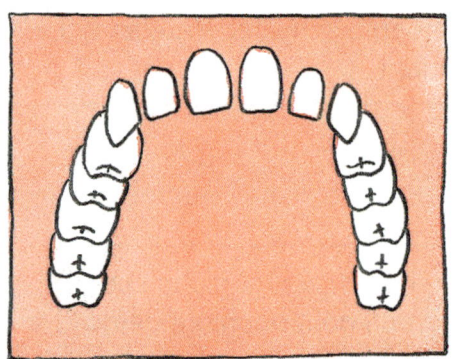 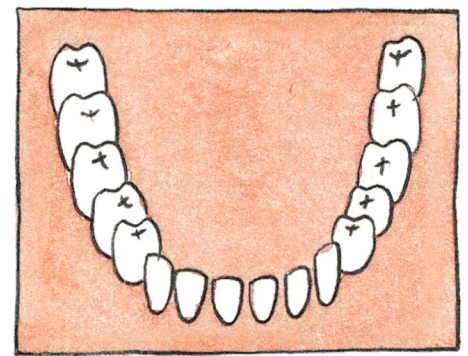

Die Zähne haben unterschiedliche Formen und Funktionen.
Die **Schneidezähne** befinden sich vorne im Mund. Es sind unten und oben jeweils vier Stück. Sie haben eine Kante, um Nahrung abzubeißen oder durchzubeißen.
Male sie rot an.

Jeweils rechts und links neben den **Schneidezähnen** sitzen die **Eckzähne**. Sie sind spitz und haben eine besonders lange Zahnwurzel. Mit ihnen kannst du besonders gut Nahrung zerreißen.
Male sie grün an.

Die **Backenzähne** befinden sich hinten im Mund. Es sind oben und unten jeweils zehn. Die **vorderen Backenzähne** haben zwei Kauspitzen. Mit ihnen zerkleinerst du die Nahrung.
Die **hinteren Backenzähne** werden auch Mahlzähne genannt. Sie haben mehrere Kauspitzen. Mit ihnen wird die Nahrung noch stärker zerkleinert und zu einem Nahrungsbrei zermahlen.
Male alle Backenzähne blau an.

Die Backenzähne ganz hinten wachsen nicht bei allen Menschen.

Betrachte die beiden Bilder. Was fällt dir auf?

Affe und Mensch haben eine ähnliche Körperhaltung.

Gemeinsamkeiten im Gesicht (Kinn, Augenbrauenhöhle …)

Finde eine passende Überschrift.

z. B. Ähnlichkeiten von Affen und Menschen

Bestimmt hast du schon einmal im Zoo oder im Tierpark vor den Gehegen der **Menschenaffen** gestanden. Zu ihnen gehören die Schimpansen, Orang Utans, Bonobos und Gorillas. Die Menschenaffen haben ihre Bezeichnung daher, weil sie mit dem Menschen verwandt sind. Sie haben sozusagen einen **gemeinsamen Urahn**, von dem sie abstammen: den Baumaffen.

Baumaffen lebten vor über 10 Millionen Jahren in Afrika. Sie wohnten vor allem in Bäumen. Diese boten ihnen Schutz und Nahrung. Dann änderte sich das Klima. Es wurde immer heißer und trockener. Die Bäume vertrockneten. Sie boten ihnen keinen Schutz mehr. Vor Feinden konnten sie sich nicht mehr verstecken.
Damit sie diese aber schon von weitem sehen konnten, mussten sie sich aufrichten. Über mehrere Millionen Jahre entwickelte sich die Fähigkeit des aufrechten Ganges.

Diese Entwicklung nennt man Evolution.

Homo heißt übrigens Mensch.

① Baumaffe
vor
10 Mio. Jahren

② Vormensch
vor etwa
4 Mio. Jahren

③ homo habilis
vor
2,1–1,5 Mio. Jahren

④ homo erectus
vor
1,8–0,2 Mio. Jahren

⑤ homo sapiens
seit ca.
200 000 Jahren

Probiere es aus: Laufe zwei Minuten lang auf allen Vieren durch das Zimmer. Was stellst du fest? Begründe mithilfe der Abbildungen.

Auf Dauer ist es anstrengend für uns. Das liegt an der Form

unserer Wirbelsäule.

Becken Mensch, Schimpanse

Welche weiteren Gemeinsamkeiten und Unterschiede stellst du fest?

Gemeinsamkeiten	Unterschiede beim Schimpansen
5 Zehen	abgespreizter großer Zeh
Anzahl der Körpergliedmaßen	längliche Form des Beckens
2 Arme, 2 Beine	Der Körperschwerpunkt ist
ähnliche Schädelform	viel weiter vorne.
ähnlicher Aufbau des	Wirbelsäulenform gestreckt
Skeletts	

Wie bewegst du dich gerne? Kreuze die entsprechenden Tätigkeiten an. Hast du noch andere Ideen, dann schreibe sie auf die leeren Zeilen.

☐ tanzen ☐ Inline skaten ☐ rennen
☐ reiten ☐ schwimmen ☐ rollen
☐ Rad fahren ☐ klettern ☐ kriechen
☐ Treppen steigen ☐ hüpfen ☐ weitspringen

Deine Wirbelsäule macht viele Bewegungen möglich. Dafür muss sie extrem beweglich sein. Wie schafft sie das?

Fahre vorsichtig in der Mitte deinen Rücken entlang. Taste die Wirbelsäule ab. Was fühlst du?

Ich kann kleine Höcker

ertasten.

Zeichne die Wirbelsäule so, wie du sie ertastest hast.

Zeige dein Bild einem Erwachsenen.

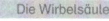

Beim Abtasten hast du kleine „Höcker" gespürt. Diese vielen kleinen Knochen heißen **Wirbelkörper**. Dazwischen liegen bewegliche Knorpelscheiben. Sie heißen **Bandscheiben**. Sie sind dehnbar und bewirken, dass die einzelnen Knochen nicht aneinander reiben.

Male die Wirbelkörper in der Zeichnung gelb an. Färbe die Bandscheiben blau ein und verbinde mit den Kästchen.

Die Wirbelsäule ist sehr lang. Sie verläuft über den gesamten Rücken und ist s-förmig. Man teilt sie in fünf Abschnitte ein. Beschrifte die Abschnitte der Wirbelsäule mithilfe der Textbausteine.

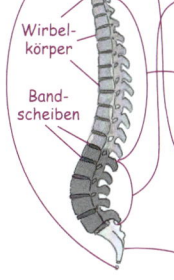

Wirbelkörper

Bandscheiben

Das **Steißbein** ist der unterste Abschnitt der Wirbelsäule. Es ist nach unten hin spitz.

Die größte Wölbung besteht an der **Lendenwirbelsäule**. Sie besteht aus 5 Wirbeln.

Der längste Abschnitt der Wirbelsäule ist die **Brustwirbelsäule**. Sie besteht aus 12 Wirbeln und hat einen Bogen.

Der obere Teil der Wirbelsäule heißt **Halswirbelsäule**. Sie ist das Verbindungsstück zwischen Kopf und Brustwirbelsäule.

Der vorletzte Teil der Wirbelsäule heißt **Kreuzbein**. Am Kreuzbein lassen sich keine einzelnen Wirbel erkennen. Dies liegt daran, dass sie im Laufe der Evolution zusammengewachsen sind.

Das Skelett

Insgesamt besteht unser Körper aus über 200 Knochen.
Sie bilden insgesamt das menschliche Skelett.

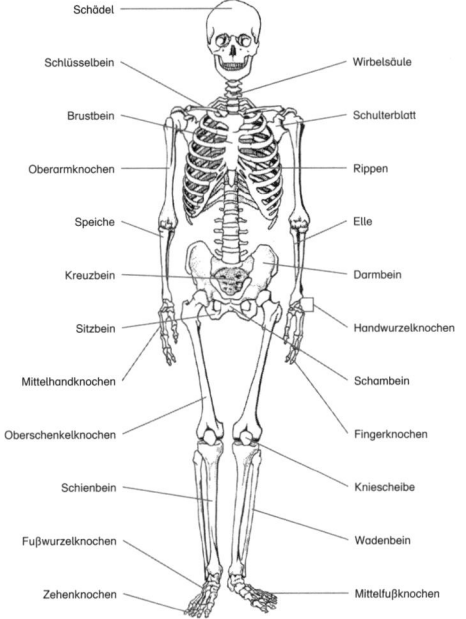

- Schädel
- Schlüsselbein
- Brustbein
- Oberarmknochen
- Speiche
- Kreuzbein
- Sitzbein
- Mittelhandknochen
- Oberschenkelknochen
- Schienbein
- Fußwurzelknochen
- Zehenknochen

- Wirbelsäule
- Schulterblatt
- Rippen
- Elle
- Darmbein
- Handwurzelknochen
- Schambein
- Fingerknochen
- Kniescheibe
- Wadenbein
- Mittelfußknochen

Löse das Rätsel mithilfe der Abbildung des Skelettes.

Der längste Knochen heißt …

O B E R S C H E N K E L K N O C H E N

Ohne diesen Knochen wäre unser Kopf ungeschützt.

S C H Ä D E L

Am oberen Rücken gibt es ihn zweimal in Blattform …

S C H U L T E R B L A T T

Für Fußballer ist dieser vordere Beinknochen sehr wichtig:

S C H I E N B E I N

Unsere inneren Organe wie Herz, Leber und Magen werden durch die vielen bogenförmigen Knochen geschützt.

R I P P E N

Am Unterarm befindet sich ein länglicher Knochen, der die gleiche Bezeichnung wie ein Teil des Fahrrades trägt.

S P E I C H E

Lösungswort: S K E L E T T

Wusstest du, dass sich der kleinste menschliche Knochen im Ohr befindet? Er heißt Steigbügel.

Wusstest du, dass deine Knochen mit etwa 20 Jahren aufhören zu wachsen?

8

9

Gelenke

Probiere es aus: Versuche dich mit dem rechten gestreckten Arm an deiner linken Schulter zu kratzen. Was stellst du fest?

Mit gestrecktem Arm geht es nicht.

Was musst du tun, damit deine rechte Hand die linke Schulter erreichen kann?

Ich muss meinen Arm beugen.

Wie ist es möglich, dass wir den Oberarm beugen und strecken können?

Die einzelnen Knochen sind starr. Damit du deine Körperteile drehen, beugen und strecken kannst, brauchst du bewegliche Verbindungsstücke: die Gelenke.
Es gibt viele verschiedene Gelenkarten, zum Beispiel das Scharniergelenk.

Ein Scharniergelenk liegt zwischen Unterarm und Oberarm.

Kreuze an, welche Bewegungen du damit ausführen kannst. Wichtig ist, dass du die Bewegungen nicht mit der Schulter, sondern nur mit dem Unterarm ausführst. Am besten hältst du den Oberarm fest.

- [X] Der Arm lässt sich beugen und strecken.
- [ ] Ich kann den Unterarm nach hinten umknicken.
- [ ] Der Unterarm lässt sich nach außen abknicken.

Wo findest du Scharniere in deiner Umwelt? Markiere sie.

So sieht ein Kugelgelenk aus. Oberschenkel und Becken sind damit verbunden.

Stelle dich hin und halte dich mit einer Hand fest. Dein rechtes Bein ist gestreckt. Kreuze an, welche Bewegungen du damit machen kannst.

- [X] Das Bein lässt sich auf und ab bewegen.
- [X] Ich kann mein Bein in der Luft von links nach rechts bewegen.
- [X] Ich kann mein Bein nach hinten bewegen.

Mit welchem Gelenk kannst du mehr Bewegungen ausführen? Kreuze an.

- [ ] Scharniergelenk
- [X] Kugelgelenk

Scharniergelenk oder Kugelgelenk? Probiere es aus, indem du deine Körperteile bewegst und kreuze an.

Dein Körperteil	Kugelgelenk	Scharniergelenk
Ellenbogen		X
Knie		X
Schulter	X	
Hüfte	X	

10

11

Muskeln

Der Mensch hat über 600 Muskeln. Für jede kleinste Bewegung sind gleich mehrere Muskeln verantwortlich sind. Manche Muskeln haben nie Ruhe. Dein Herz ist auch so ein Muskel. Es ist ständig in Aktion. Muskeln können vom Gehirn gesteuert werden. Das Gehirn bekommt auch die Information, wenn es deinen Muskeln einmal schlecht geht, z. B. bei Muskelkater.

Spüre nach: Lege dich auf den Boden auf den Bauch und versuche dich mehrmals nach oben zu drücken. Wo spürst du Muskeln?

An den Oberarmen.

Umfasse mit der rechten Hand den linken Oberarm. Mache links eine feste Faust und beuge den Arm. Was stellst du fest?

Ich spüre Muskeln am Oberarm.

Strecke den Arm jetzt mit der Faust aus und ziehe ihn leicht nach hinten. Spüre mit deiner rechten Hand: Was passiert mit dem Oberarm?

Die Muskeln „verschwinden" wieder.

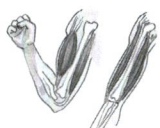

Muskeln können nur ziehen, nicht drücken. Deshalb arbeiten immer zwei Muskeln zusammen: Ein Muskel zieht in die eine Richtung, der andere zieht ihn wieder zurück. So erzeugt der Körper alle Bewegungen, die er braucht.

Zum Lächeln brauchst du nur zwei Muskeln!

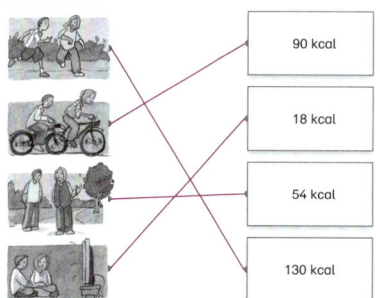

Bewegung

Als Bewegungsexperte ist es nun sicher kein Problem für dich, die drei Begriffe in dem Suchsel zu finden, die der Mensch braucht, um sich zu bewegen. **Markiere sie.**

M	G	H	I	P	Ü	D	F	O	A
P	U	D	A	Ö	A	Q	W	R	D
T	O	S	M	V	X	Y	A	Q	O
W	Ü	M	K	G	S	O	B	V	L
F	G	D	N	E	A	F	R	S	K
F	D	X	O	L	L	A	Q	M	E
P	E	Y	C	E	G	N	Z	X	Ä
R	O	S	H	N	W	S	Ü	S	Z
G	U	W	E	K	N	J	K	H	Y
H	I	J	N	E	K	L	M	N	O

Warum benötigt unser Körper Energie?

Ähnlich wie ein Auto verbraucht dein Körper Energie, wenn er sich bewegt. Natürlich benötigt der Mensch kein Benzin, sondern einen anderen „Kraftstoff": die Nahrung. Bekommt er zu wenig, wird er müde und ist nicht mehr so leistungsstark.

Hüpfe eine Minute auf der Stelle. Was spürst du?

Ich bin angestrengt. Ich muss schneller atmen.

Jeder Muskel und jedes Organ verbraucht Energie, wenn es in Aktion ist. Die Energie misst man in Kalorien. Je schneller und ausdauernder wir uns bewegen, desto mehr Kalorien verbrauchen wir.

Verbinde die Bilder mit dem passenden Kalorienverbrauch in einer halben Stunde.

| 90 kcal |
| 18 kcal |
| 54 kcal |
| 130 kcal |

Dein Körper verbraucht auch Kalorien, wenn du schläfst. Überlege:

Herzschlag, Atmung, Verdauung, Schwitzen

Kalorienverbrauch

Wie viele Kilokalorien (kcal) jeder Mensch benötigt, hängt von seinem Alter und seiner Tätigkeit ab.
Kinder zwischen sieben und zehn Jahren verbrauchen ungefähr 1800 Kilokalorien am Tag. Jedes Nahrungsmittel beinhaltet eine bestimmte Menge davon. Die Kilokalorienangaben findest du auf den Verpackungen.

Finde die Kilokalorienangaben auf den Etiketten der Lebensmittel. Markiere sie mit einem Textmarker.

Was passiert, wenn du zu viele Kalorien zu dir nimmst? Stelle Vermutungen an.

Ich nehme zu. Ich fühle mich nicht mehr so fit.

Allgemeine Tageszeitung

Ärzte mahnen:
Chips und Dauerfernsehen machen unsere Kinder dick. Neueste Zahlen zeigen eine ständige Zunahme von übergewichtigen Kindern.

Erkläre, warum das ein Grund für Übergewicht ist.

Chips haben viele Kalorien. Wenig Bewegung und schlechte Ernährung führen auf Dauer zu Übergewicht, da der Körper zu viel Energie bekommt, die er nicht verbrauchen kann.

Lösungen

Weißt du, was passiert?

Die Flamme geht aus, wenn sie allen Sauerstoff
verbraucht hat.

Stelle dir vor, du hast zwei Gläser. In dem ersten Glas ist frische Luft, in dem zweiten Glas ist Luft, die du ausgeatmet hast.

Überlege, in welchem Glas die Flamme länger brennt. Kreuze an:

[X] Glas mit frischer Luft   [ ] Glas mit ausgeatmeter Luft

Was glaubst du, warum das so ist? Schreibe auf.

In der ausgeatmeten Luft ist nicht mehr so viel Sauerstoff,
deshalb geht die Flamme früher aus.

Eine Kerze braucht Sauerstoff, um zu brennen. Auch Menschen brauchen Sauerstoff, um die tägliche Nahrung zu verbrennen. Durch die Verbrennung, die ganz schonend in all unseren Muskeln geschieht, hält unser Körper seine Temperatur von 37 °C.
Deshalb kannst du auch nicht aufhören zu atmen. Wenn du versuchst, die Luft anzuhalten, gelingt es dir nur einige Sekunden.

Versuche zur Atmung
Setze dich ruhig hin und atme bewusst ein und aus. Atme ruhig weiter und zähle nun, wie oft du in einer Minute ein- und ausatmest.
Mein Ergebnis:

Laufe nun 2 Minuten auf der Stelle. Wiederhole den Versuch.

Mein Ergebnis nach der Anstrengung:

Je mehr du dich bewegst, desto _____mehr_____ Nahrung wird verbrannt,

desto _____mehr_____ musst du atmen, weil deine Muskeln _____mehr_____
Sauerstoff benötigen.

Doch wie viel Luft atmest du mit einem Atemzug ein?
Probiere es aus:

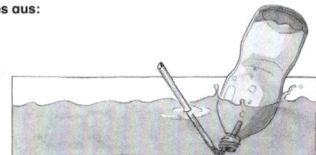

Du brauchst: eine 1l-PET-Flasche, ein Waschbecken, in das die Flasche passt und einen Knickstrohhalm
Fülle die Flasche und das Waschbecken mit Wasser. Lege die Flasche so in das Wasser, dass der Flaschenhals mit Wasser bedeckt ist. Nimm nun den Strohhalm, atme tief ein. Führe den Halm in die Wasserflasche und puste so lange du kannst durch den Halm. Sobald du keine Puste mehr hast, schließe den Flaschenhals mit deiner Hand und hole die Flasche aus dem Wasser.
Das fehlende Wasser entspricht einem Atemzug.

Die Lunge versorgt unseren Körper mit Luft. Wie sie das macht, kannst du selbst herausfinden.
Du brauchst: eine 1,5l PET-Flasche und einen Luftballon

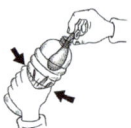

Stecke den Ballon in die Flasche. Drücke die Flasche zusammen. Streife nun die Öffnung des Ballons vorsichtig über den Flaschenhals. Es darf keine Luft mehr in die Flasche kommen. Lass die Flasche wieder los.

Notiere, was passiert: Der Luftballon wird größer.

Drücke die Flasche wieder zusammen. Was passiert nun:
Der Ballon wird wieder zusammengedrückt. Die eingeströmte
Luft wird wieder ausgestoßen.

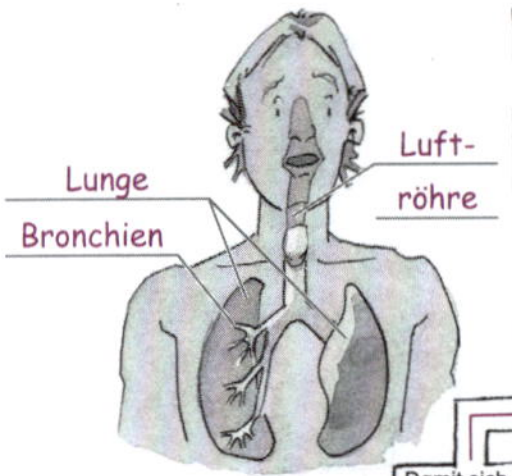

Lunge
Bronchien
Luft-
röhre

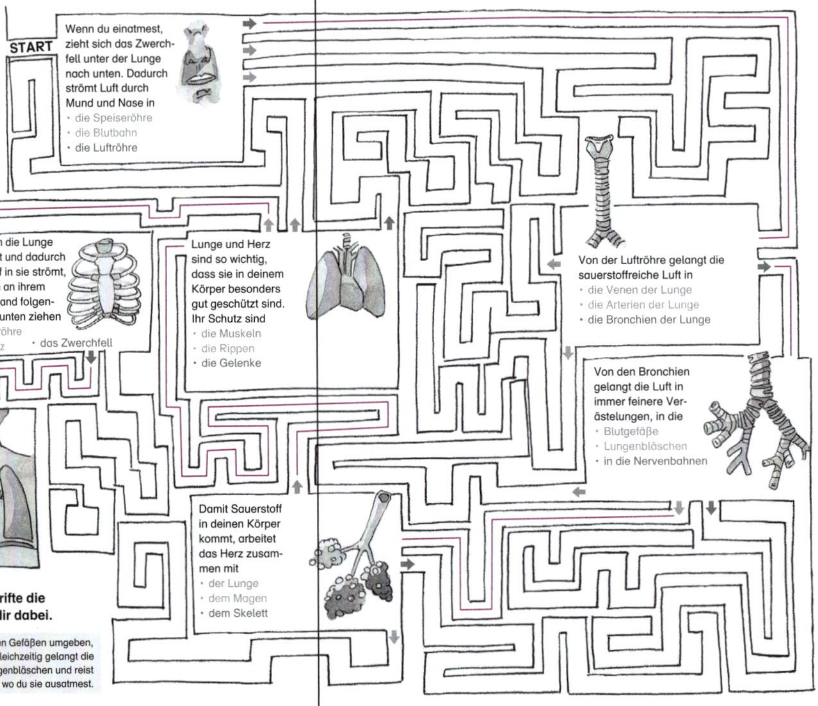

START
Wenn du einatmest, zieht sich das Zwerchfell unter der Lunge nach unten. Dadurch strömt Luft durch Mund und Nase in
· die Speiseröhre
· die Blutbahn
· die Luftröhre

Damit sich die Lunge vergrößert und dadurch Sauerstoff in sie strömt, muss sich an ihrem unteren Rand folgendes nach unten ziehen
· die Luftröhre
· das Herz   · das Zwerchfell

Lunge und Herz sind so wichtig, dass sie in deinem Körper besonders gut geschützt sind. Ihr Schutz sind
· die Muskeln
· die Rippen
· die Gelenke

Von der Luftröhre gelangt die sauerstoffreiche Luft in
· die Venen der Lunge
· die Arterien der Lunge
· die Bronchien der Lunge

Von den Bronchien gelangt die Luft in immer feinere Verästelungen, in die
· Blutgefäße
· Lungenbläschen
· in die Nervenbahnen

Damit Sauerstoff in deinen Körper kommt, arbeitet das Herz zusammen mit
· der Lunge
· dem Magen
· dem Skelett

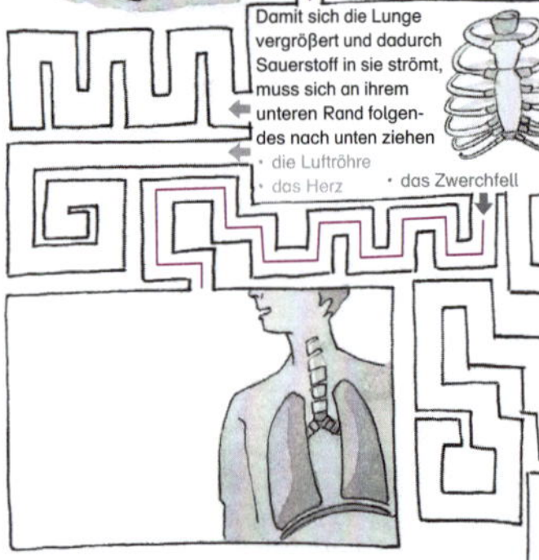

Finde den richtigen Weg. Beschrifte die Zeichnung. Das Labyrinth hilft dir dabei.

Die Lungenbläschen sind von vielen winzigen Gefäßen umgeben, in denen der Sauerstoff ins Blut übergeht. Gleichzeitig gelangt die verbrauchte Luft vom Blut zurück in die Lungenbläschen und reist den ganzen Weg wieder zurück in die Nase, wo du sie ausatmest.

Wie arbeitet mein Herz?

Du kannst selbst herausfinden, wie dein Herz jetzt gerade arbeitet:

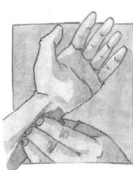

Ertaste mit den Fingerkuppen von Zeige-, Mittel- und Ringfinger der rechten Hand deinen Puls an der Daumenseite des linken Handgelenks. Wenn du kein leichtes Pochen spüren kannst, verschiebe deine Finger leicht, bis du etwas merkst. Jedes Pochen entspricht einem Schlag deines Herzens.

Wie oft schlägt dein Herz pro Minute? _____

Probiere aus: Stoppe eine Minute auf der Uhr und zähle die Schläge:

_____

Was passiert mit deinem Herzschlag, wenn du schnell gerannt bist?
Er wird schneller.

Überlege: Schlägt dein Herz im Schlaf

☐ schneller   oder   ☒ langsamer?

Bei einem Erwachsenen schlägt das Herz ungefähr 70, bei einem Kind bis zu 100 Mal in der Minute.

Doch warum schlägt dein Herz überhaupt?
Dein Herz ist ein Muskel. Er ist ungefähr so groß wie deine Faust. Mit jedem Schlag pumpt er Blut durch deinen Körper und versorgt ihn mit Sauerstoff und Nährstoffen.
Er sorgt auch dafür, dass Giftstoffe deinen Körper wieder verlassen können.

Dein Herz pumpt das Blut im Kreis. Sauerstoffarmes Blut fließt vom Herzen zuerst in die Lunge. Dort wird es mit Sauerstoff angereichert. Das nun sauerstoffreiche Blut fließt zum Herzen zurück.

Das Blut läuft im Kreis

Das Herz besteht aus zwei getrennten Hauptkammern.
Die _____linke_____ Herzkammer pumpt nur sauerstoffreiches Blut aus der Lunge in den Körper. Die Blutbahnen, die sauerstoffreiches Blut transportieren, nennt man _____Arterien_____. Blutbahnen, die sauerstoffarmes Blut transportieren, nennt man _____Venen_____. In der rechten Herzkammer kommt das sauerstoffarme Blut aus den _____Venen_____ vom Körper an. In den _____Arterien_____ fließt sauerstoffreiches Blut vom Herzen weg in den Körper.

Die zum Herzen hinführenden Venen enthalten Venenklappen. Sie verhindern, dass Blut, das zum Beispiel von den Beinen wieder hoch zum Herzen gelangen muss, wieder zurückfließt.

Fülle den Lückentext aus. Die Zeichnung hilft dir.
Zeichne sauerstoffreiches Blut rot, sauerstoffarmes Blut blau.

········ blau   ---- rot

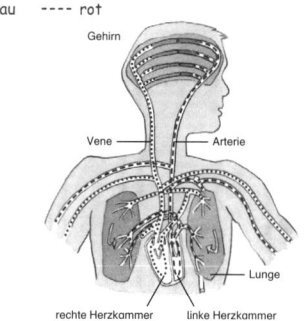

Gehirn

Vene   Arterie

Lunge

rechte Herzkammer   linke Herzkammer

Haare und Nägel

1. Haare und unsere Finger- und Fußnägel bestehen aus einer Art Horn.
   Darum tut es nicht weh, wenn du dir die Haare oder Nägel schneidest.

2. Jedes Haar wächst aus einer Haarwurzel unter der Haut heraus. Täglich wachsen Haare etwa 0,0 Millimeter, in einem Jahr ungefähr 15 Zentimeter.

3. Jedes Haar auf deinem Kopf wächst nur ungefähr zwei bis sechs Jahre lang. Danach stirbt es ab und fällt aus. Deshalb ist es ganz normal, dass jeden Tag bis zu 100 Haare ausfallen. Aber aus der Haarwurzel wächst wieder ein neues Haar.

4. Manche Männern bekommen ab einem bestimmten Alter kahle Stellen oder sogar eine Glatze. Schuld daran sind Hormone (Botenstoffe im Körper). Sie verhindern, dass sich Haare neu bilden. Fällt ein Haar aus, wächst kein neues nach. Werden Frauen älter, sorgen Hormone dafür, dass ihre Haare dünner werden. Richtige Glatzen wie bei Männern sind bei ihnen aber selten.

5. Die Farbe deiner Haare hast du vererbt bekommen.
   Der Farbstoff, der deinen Haaren Farbe verleiht, heißt Melanin. Je älter du wirst, desto weniger Farbstoff baut der Körper in die Haare ein. Die Haare werden farblos. An Stelle der Farbe lagern sich kleine Luftbläschen in das Haar ein. Scheint Licht auf die Haare, schimmern sie grau.

Wo findest du die folgenden Infos im Text?

	Kapitel Nr.
Jedes Haar wird höchstens sechs Jahre alt.	3
Haare und Nägel bestehen aus einer Art Horn.	1
Botenstoffe verhindern, dass ausgefallenen Haare nachwachsen.	4
Kleine Luftbläschen lassen Haare grau schimmern.	5
Der Farbstoff, der Haare färbt, heißt Melanin.	5
Ein Haar braucht ungefähr drei Tage, um einen Millimeter zu wachsen.	2

Was kannst du mit deinen Fingernägeln alles machen? Schreibe auf:
z.B. kratzen, Papier falten, Klebereste wegrubbeln ...

Fingernägel wachsen schneller als Zehennägel, etwa zweieinhalb Millimeter jeden Monat. Das heißt, dass du deine Fingernägel öfter kürzen musst als deine Zehennägel.

Doch wie pflegst du deine Nägel richtig? Die Bilder helfen dir, den Lückentext richtig zu füllen:

Finger und Fußnägel dürfen nicht zu _____lang_____ werden, weil sie sonst einreißen.

Auch sollen die Fingernägel nicht zu weit über die Fingerspitzen (Fingerkuppen) hinauswachsen. Besonders unter den Nägeln tummeln sich viele Bakterien. Benütze regelmäßig eine _____Bürste_____, um hier gut zu reinigen.

Deine Fußnägel schneidest du am besten nach dem _____Waschen/Baden_____, weil sie dann weicher sind.

Für die Fußnägel benutzt du eine _____Schere_____.
Kürze deine Fingernägel besser mit einer _____Feile_____ und bringe sie in die richtige Form.

Fußnägel sollen _____gerade_____ abgeschnitten werden, damit sie nicht in die Haut wachsen.

Pflege nicht nur deine Nägel. Wasche auch Hände und Füße regelmäßig, trockne sorgfältig ab und creme sie ein.

Diese Wörter helfen dir: Schere, Waschen, Feile, lang, gerade, Bürste

Lösungen

Versuche herauszufinden, wie viele Haare du ungefähr auf deinem Kopf hast. Deine Haarfarbe verrät es dir:
Die dünnsten Haare sind blond, die dicksten rot. Braune Haare sind dicker als schwarze. Je dünner das Haar einer Haarfarbe, umso mehr Haare wachsen auf dem Kopf.

Verbinde, was zusammengehört.

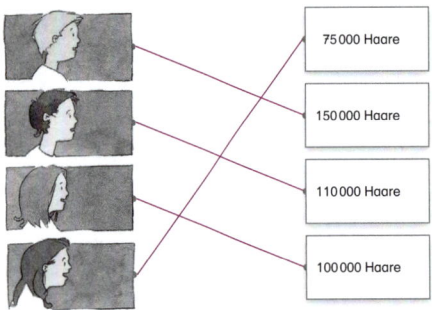

- 75 000 Haare
- 150 000 Haare
- 110 000 Haare
- 100 000 Haare

Welche Farbe haben deine Haare: _____

So viele Haare wachsen ungefähr auf deinem Kopf: _____

Doch warum haben wir überhaupt Haare?
Forscher vermuten, dass sie ein Überbleibsel der Urmenschen sind. Unsere Vorfahren hatten am ganzen Körper dichte Behaarung.

Warum brauchen wir das heute nicht mehr?
Überlege und schreibe auf.
Wir haben Kleidung, die uns warm hält und vor Kälte/Sonne schützt.

Nicht alle Menschen haben an den gleichen Körperstellen Haare.
Zeichne ein, an welchen Stellen bei einem Kind, einer Frau und einem Mann Haare wachsen:

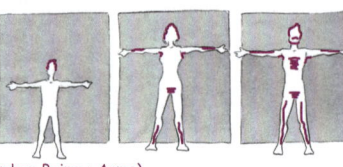

(ein bisschen Beine + Arme)

Heute sind nur noch wenige Stellen unseres Körpers behaart. Aber diese Haare haben jeweils wichtige Aufgaben. Verbinde die Bilder mit den passenden Texten.

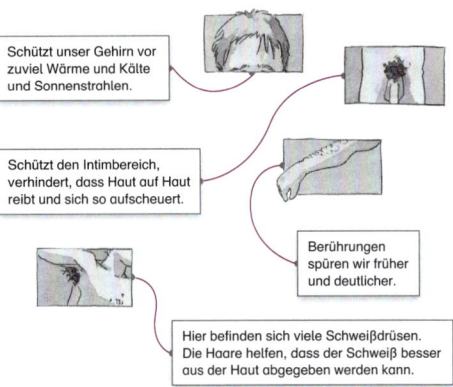

Schützt unser Gehirn vor zuviel Wärme und Kälte und Sonnenstrahlen.

Schützt den Intimbereich, verhindert, dass Haut auf Haut reibt und sich so aufscheuert.

Berührungen spüren wir früher und deutlicher.

Hier befinden sich viele Schweißdrüsen. Die Haare helfen, dass der Schweiß besser aus der Haut abgegeben werden kann.

Ein Mensch kann 40 Tage ohne Essen überleben – aber nur 3-4 Tage ohne zu trinken.
Denn dein Körper besteht aus unzähligen Körperzellen. Fast jede Körperzelle speichert Wasser. Nur selten kannst du dieses Wasser sehen.

Überlege. Wo findest du in deinem Körper Flüssigkeiten?
Mund, Nase, Augen, Blase (Urin/Pipi), Po

Verbinde Bild und Text. Dann weißt du, wo überall im Körper Flüssigkeit ist.

Es ist rot, fließt und bringt Sauerstoff und Nahrung zu den Zellen:
Blut

Es ist gelb, dein Körper scheidet damit Stoffe aus, die er nicht mehr braucht:
Urin/Pipi

Im Mund macht diese Flüssigkeit aus deiner Nahrung einen Speisebrei:
Speichel/Spucke

Die Flüssigkeit tritt immer aus, wenn dir sehr heiß ist:
Schweiß

Es ist durchsichtig und fließt, wenn du traurig bist:
Träne(n)

Bei Kälte kannst du die darin enthaltene Flüssigkeit als Dampf sehen:
Atem

Soviel Wasser verbraucht der Körper täglich:

	Menge
Schwitzen	500 ml
Die Nieren filtern aus dem Blut die Schadstoffe und bilden Urin.	1500 ml
Durch den Stuhlgang (Kot) verlassen den Körper	100 ml
Über die Atemluft verliert der Körper	400 ml
Gesamtmenge	2500 ml

Zeichne den Flüssigkeitsstand richtig ein:

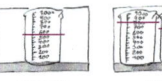 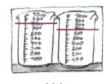 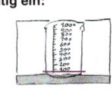 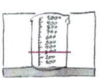

Schweiß   Urin   Stuhlgang   Atem

Dein Körper verliert nicht jeden Tag gleich viel Wasser.
Kreuze an, wodurch dein Wasserverbrauch steigt:

	Höherer Wasserverbrauch
Große Hitze	X
Fernsehen	
Starker Wind	X
Fieber	X
Durchfall/Erbrechen	X
Schulunterricht	
Sportunterricht	X
Trockene Heizungsluft im Zimmer	X
Spaziergang bei Regen	

Verlorenes Wasser musst du deinem Körper zurückgeben.

Richtiges Trinken

In deinem Körper herrscht ein ausgeklügeltes Gleichgewicht – wenn du genug trinkst. Trinkst du zu wenig, schickt dir dein Körper Warnsignale. **Kannst du sie deuten? Kreuze richtige Aussagen an:**

- [X] Trinkst du zu wenig, wird dir schwindelig.
- [ ] Trinkst du zu wenig, musst du ständig auf die Toilette.
- [X] Trinkst du zu wenig, kannst du dich nicht mehr gut konzentrieren, weil dein Blut dicker wird und nicht mehr so leicht durch deinen Körper fließt.
- [ ] Trinkst du zu wenig, kannst du dich gut konzentrieren, weil du nicht ständig abgelenkt bist.
- [X] Trinkst du zu wenig, kannst du keine tollen sportlichen Leistungen bringen, weil dein Herz sich mehr anstrengen muss, das dicke Blut durch den Körper zu pumpen.
- [X] Trinkst du zu wenig, wird dein Urin ganz dunkelgelb. Die Nieren versuchen möglichst viel Wasser im Körper zurückzuhalten.

 Ungefähr 2,5 l Wasser scheidet der Körper jeden Tag aus. Trotzdem musst du nicht diese gesamte Menge trinken. Denn auch das, was du isst, enthält Flüssigkeit.

In einem Trinkprotokoll kannst du genau aufschreiben, wie viel und was du jeden Tag trinkst. Bist du 7-9 Jahre, solltest du auf 5 Gläser kommen, bist du älter, solltest du 6 Gläser trinken. Mache für jedes getrunkene Glas einen Strich.

In Eistee, Limo oder Cola stecken viel Zucker. Der macht dick und ist schlecht für deine Zähne. Achte deshalb darauf, möglichst wenig Striche im letzten Feld zu haben.

	MO	DI	MI	DO	FR	SA	SO
Mineral- oder Leitungswasser							
Tee							
Saftschorle							
Getränke mit Zucker							
Gesamtmenge							

Tolle Trinkrezepte – fast ohne Zucker. Probiere sie aus.

Hexenblut
Du brauchst:
2 Gläser kalten, roten Früchtetee, 2 Gläser Johannisbeersaft, 1 Glas Mineralwasser, Saft einer 1/2 Zitrone, viele Eiswürfel, etwas Zucker

So geht's:
Mische den Früchtetee mit dem Johannisbeersaft und dem Mineralwasser. Den Zitronensaft und die Eiswürfel dazu geben und alles mit etwas Zucker abschmecken.

Vitaminschub
Du brauchst:
2 Orangen, 2 Gläser Sprudel, Eiswürfel

So geht's:
Presse die Orangen aus, mische sie mit dem Sprudel und gib die Eiswürfel dazu.

Winterfeuer
Du brauchst:
1 Flasche Apfelsaft, 2 Orangen, 2 Zitronen (beides ungespritzt), 1 Esslöffel Honig, 1 Zimtstange

So geht's:
Erwärme den Apfelsaft in der Mikrowelle mithilfe eines Erwachsenen. Presse die Orangen und Zitronen aus und gieße sie in den Apfelsaft. Gib Zimt dazu und rühre den Honig unter.
Alles noch mal kurz in der Mikrowelle erhitzen.
Vorsicht – es darf nicht kochen.

Schwitzen – die Klimaanlage unseres Körpers

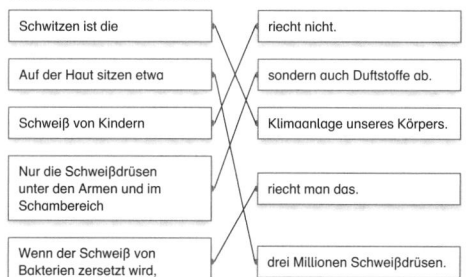

1. Versuch:
Renne solange, bis du schwitzt oder laufe Treppen hoch und runter.
Notiere, wo du überall schwitzt:
z.B. Stirn, Achseln, Rücken

2. Versuch:
Trockne nach dem Baden nur eine Körperhälfte richtig ab. Die andere bleibt nass. Verlasse so das warme Badezimmer. Notiere, was du spürst.
Die nasse Hälfte wird schnell kalt.

Wenn wir uns richtig anstrengen oder es draußen sehr heiß ist, fängt der Körper an zu schwitzen. Schweiß tritt über winzig kleine Schweißdrüsen aus. Auf der Haut verdunstet er, kühlt sie dadurch und wirkt wie eine Klimaanlage. So verhindert der Körper, dass ihm innerlich zu heiß wird. Jeder Mensch hat über drei Millionen Schweißdrüsen – überall auf der Haut verteilt. Schweiß von Kindern besteht fast nur aus Wasser. Er riecht nicht. Erst in der Pubertät entwickeln sich die Schweißdrüsen unter den Armen und im Bereich der Geschlechtsorgane. Nur diese Schweißdrüsen sondern Duftstoffe ab. Wenn die Duftstoffe und der Schweiß von Bakterien zersetzt werden, riecht man das.

Verbinde zu sinnvollen Sätzen:

Schwitzen ist die	riecht nicht.
Auf der Haut sitzen etwa	sondern auch Duftstoffe ab.
Schweiß von Kindern	Klimaanlage unseres Körpers.
Nur die Schweißdrüsen unter den Armen und im Schambereich	riecht man das.
Wenn der Schweiß von Bakterien zersetzt wird,	drei Millionen Schweißdrüsen.

Richtige Körperpflege

Verbinde Bild und passenden Text:

Wasche und dusche regelmäßig morgens, weil du auch nachts schwitzt. Vergiss dabei deine Haare nicht.

Waschen allein genügt nicht. Der Körpergeruch geht auch auf deine Kleidung über. Wechsle deshalb täglich Unterwäsche und Socken.

Putze dir mindestens zwei Mal täglich die Zähne. So verhinderst du Mundgeruch.

Besonders viele Schweißdrüsen gibt es an den Füßen. Deshalb schwitzt du in geschlossenen Schuhen. Trage zu Hause offene Schuhe und wechsle deine Schuhe regelmäßig.

Deos können Waschen und Duschen nicht ersetzen. Sie wirken nur auf frisch gewaschener Haut, auf der sich keine Bakterien befinden. Deos verhindern, dass Bakterien den Schweiß zersetzen.

Lösungen

Wenn deine Milchzähne ausfallen, wachsen die Zähne des bleibenden Gebisses nach. Es besteht aus 16 Zähnen im Oberkiefer und 16 Zähnen im Unterkiefer, also insgesamt 32 Zähnen.

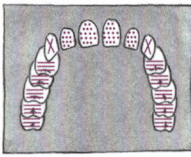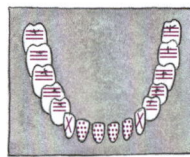

Die Zähne haben unterschiedliche Formen und Funktionen.
Die **Schneidezähne** befinden sich vorne im Mund. Es sind unten und oben jeweils vier Stück. Sie haben eine Kante, um Nahrung abzubeißen oder durchzubeißen.
Male sie rot an.

Jeweils rechts und links neben den **Schneidezähnen** sitzen die **Eckzähne**. Sie sind spitz und haben eine besonders lange Zahnwurzel. Mit ihnen kannst du besonders gut Nahrung zerreißen.
Male sie grün an.

Die **Backenzähne** befinden sich hinten im Mund. Es sind oben und unten jeweils zehn. Die **vorderen Backenzähne** haben zwei Kauspitzen. Mit ihnen zerkleinerst du die Nahrung.
Die **hinteren Backenzähne** werden auch Mahlzähne genannt. Sie haben mehrere Kauspitzen. Mit ihnen wird die Nahrung noch stärker zerkleinert und zu einem Nahrungsbrei zermahlen.
Male alle Backenzähne blau an.

> Die Backenzähne ganz hinten wachsen nicht bei allen Menschen.

:: rot
× grün
≡ blau

Jeder Zahn besteht aus einer **Zahnkrone** und einer **Zahnwurzel**.
Die **Zahnwurzel** kannst du von außen nicht sehen. Sie hält den Zahn im Kieferknochen fest.
Die äußere Schicht des Zahns bildet der **Zahnschmelz**. Er ist härter als Knochen.
Unter dem **Zahnschmelz** befindet sich das **Zahnbein**. Es ist weicher und empfindlicher als der **Zahnschmelz**.
Im Inneren des **Zahnbeins** befindet sich das **Zahnmark**. Im Zahnmark verlaufen Nervenfasern und Blutgefäße. Die Nervenfasern leiten Reize wie Wärme oder Kälte an das Gehirn weiter. Die Blutgefäße versorgen den Zahn mit Nährstoffen.

Beschrifte den Querschnitt des Zahns.

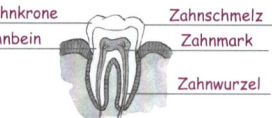

Zahnkrone — Zahnschmelz
Zahnbein — Zahnmark
Zahnwurzel

Wie kommen die Löcher in die Zähne?
Löcher in den Zähnen entstehen durch **Bakterien** im Mund. Die Bakterien ernähren sich von **Zucker** aus Nahrungsresten. Damit bilden sie **Säuren**, die den **Zahnschmelz** weich machen und beschädigen. Ein Loch entsteht. Hier können die Bakterien in das **Zahnbein** eindringen. Das Loch wird tiefer. Du bekommst Zahnschmerzen.

Wie kannst du deine Zähne schützen?
Setze die passenden Begriffe ein.
Durch regelmäßiges Zähneputzen kannst du dafür sorgen, dass die
_____Bakterien_____ möglichst wenig _____Zucker_____
bekommen. Dann können sie auch keine _____Säuren_____ bilden
und deinen Zähnen nicht schaden.

Haut

Wir Menschen haben fünf Sinnesorgane:

Ohr

Auge

Nase

Zunge

Was passiert, wenn wir auf einen Sinn verzichten müssen?
Probiere es aus:
Verbinde deine Augen mit einem Tuch. Gehe ins Bad und wasche deine Hände.
Was stellst du fest?
Ich habe mich entlanggetastet. Auch Geräusche
(Wasserfließen) helfen einem.

Welche Sinne haben dir geholfen, die Aufgaben auszuführen?
Haut (Tastsinn), Ohr (Geräusche)

Funktionen des Auges
Eines der wichtigsten Teile unseres Auges ist der Augapfel. Er ist kugelförmig. In seiner Mitte befindet sich die Pupille und rundherum die Regenbogenhaut. An ihr zeigt sich die Augenfarbe eines Menschen. Die Lider und die Wimpern schützen das Auge vor Staub. Wir verfügen über ein Oberlid und ein Unterlid. Die Augenbrauen leiten den Schweiß vom Auge weg.

Kannst du die sichtbaren Teile des Auges benennen?
Der Text hilft dir dabei. Schreibe die Begriffe auf die Linien.

Augenbraue(n) — Oberlid
Regenbogenhaut — Pupille
Augapfel — Wimpern — Unterlid

Warum haben wir zwei Augen?
Probiere es aus: Decke ein Auge ab, laufe rückwärts und blicke abwechselnd nach links und rechts. Was stellst du fest?
Mein Sichtfeld ist eingeschränkt. Ich sehe nicht so weit nach
links/rechts.

Weitere Funktionen der Augen
Sehen in der Dunkelheit:

> Nachts sind alle Katzen grau!

Schaue dir die unteren Farbpunkte gut an. Dunkele dann einen Raum so ab, dass du gerade noch etwas sehen kannst. Betrachte nun nochmals die Farbpunkte. Wie siehst du die Farben jetzt?

Sie sehen alle (fast) gleich aus. Sie sehen grau aus.

Spiele das Blinzelspiel: Setze dich einem Spiegel gegenüber und halte die Augen auf. Versuche so lange wie möglich nicht zu blinzeln. Was kannst du beobachten? Erkläre.
Wimpern schützen das Lid vor Staubteilchen und Schmutz.
Durch das Blinzeln werden die Hornhäute mit Tränenflüssig-
keit benetzt. Das Blinzeln ist daher ein wichtiger Reflex.

Das Ohr

Wie kommen Geräusche in unser Ohr?

Probiere es aus: Bespanne einen Topf mit Frischhaltefolie. Befestige sie stramm mit einem Gummiband. Lege einige Reiskörner darauf.
Nimm ein Backblech in die eine Hand und einen Kochlöffel in die andere Hand.
Halte das Backblech etwa 10 Zentimeter vom Topf entfernt. Trommle mit dem Löffel auf das Backblech.

Ich höre das laute Geräusch vom Schlag auf das Backblech und ein leises Geräusch des Hüpfens der Reiskörner.

Ich sehe die Reiskörner hüpfen/springen ein bisschen nach oben.

Fülle die Lücken mithilfe der Lösungswörter aus:

Immer wenn ein Gegenstand angeschlagen oder angezupft wird, entsteht ein Geräusch . Der Gegenstand wird in Bewegung versetzt. Er fängt an zu schwingen . Dabei wird die Luft hoch und herunter gedrückt. Die Schallwellen dringen somit durch die Luft direkt an unser Ohr . Wir können sie nicht sehen. Im Ohr werden die Schallwellen in elektrische Nervenimpulse umgewandelt.

Lösungswörter: Ohr | Schallwellen | Geräusch | schwingen | Luft

---

Bevor wir Geräusche wirklich hören können, müssen die Schallwellen noch einen langen Weg im Ohr zurücklegen.

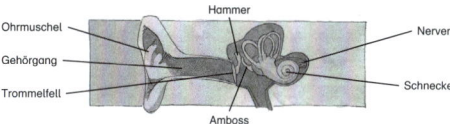

Ohrmuschel — Hammer — Nerven
Gehörgang — Schnecke
Trommelfell — Amboss

Löse das Silbenrätsel und du findest den Weg der Schallwellen durch das Ohr:

1. Von außen sichtbar, hat dieser Teil des Ohres die Form eines Meereslebewesens. **Ohrmuschel**

2. Die Schallwellen breiten sich weiter durch eine Art Tunnel im Ohr aus. Er nennt sich **Gehörgang**

3. Dann gelangen sie weiter zu einem gespannten Häutchen, das seinen Namen nach einem Musikinstrument hat. **Trommelfell**

4. Dieses leitet nun die Schallwellen weiter an die Gehörknöchelchen Hammer, **Amboss** und Steigbügel.

5. Die Gehörknöchelchen übertragen die Schallwellen weiter auf die **Schnecke** , die ihren Namen nach einem Kriechtier mit Häuschen hat.

6. Am Ende werden die Schallwellen im Innenohr in elektrische Impulse umgewandelt. Über **Nerven** werden sie zum Gehirn transportiert.

Silben:
bü-cke-fell-gang-Ge-gel-hör-mel- mu-Ner-Ohr- schel-Schne-Steig-Trom-ven

---

Auf den Geschmack gekommen – so schmecken wir

Welches ist deine Lieblingsspeise?

Beschreibe ihren Geschmack.

Da läuft einem das Wasser im Mund zusammen!

Was bedeutet das Sprichwort „Wasser im Mund zusammenlaufen"?
Wenn wir an etwas denken, das uns schmeckt, wird automatisch der Speichelfluss in Gang gesetzt.

Probiere es aus: Fülle mehrere Schälchen mit breiigen Nahrungsmitteln.

Stelle die Schalen vor dich hin. Verbinde deine Augen. Probiere die Nahrungsmittel aus den unterschiedlichen Schälchen. Schaffst du es, sie zu erschmecken?
Führe den Versuch noch einmal durch, indem du dir zusätzlich die Nase zuhältst. Welche Veränderung kannst du feststellen?
Wenn ich nichts rieche/die Nase zu ist, schmeckt man auch (fast) nichts.

Dass wir den Geschmack von Gerichten und Nahrungsmitteln so genau beschreiben können, liegt an den vielen Nerven, die unsere Zunge mit dem Gehirn verbinden. Die Zunge schmeckt etwas und leitet den Geschmack an unser Gehirn weiter. Dort wird er gespeichert. Dieser Geschmacksspeicher steht uns immer zur Verfügung.

Bereite vier Wasserbecher mit unterschiedlichen Geschmacksrichtungen vor. Lege Wattestäbchen bereit.
Tauche das erste Wattestäbchen in den ersten Becher und betupfe deine Zunge. Wie schmeckt es? Verbinde mit der richtigen Geschmacksrichtung.

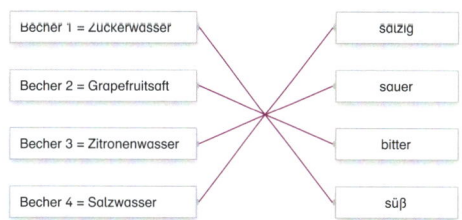

Becher 1 = Zuckerwasser	salzig
Becher 2 = Grapefruitsaft	sauer
Becher 3 = Zitronenwasser	bitter
Becher 4 = Salzwasser	süß

Unsere Zunge ist mit Geschmacksknospen ausgestattet. Diese liegen in der Mitte und am Rand der Zunge. Mithilfe der Geschmacksknospen können wir erkennen, ob eine Speise süß, bitter, salzig oder sauer schmeckt.
Doch welcher Teil der Zunge ist für welche Geschmacksrichtung zuständig?

Trage hier ein, wo du was am besten schmeckst.

Zuckerwasser (1), Grapefruitsaft (2), Zitronenwasser (3), Salzwasser (4)

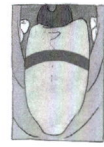 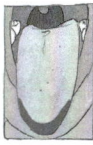 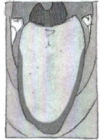 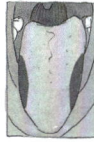

2   1   4   3

Die Befruchtung

Wenn ein Mann und eine Frau sich lieben, dann möchten sie sich so nahe wie möglich sein – so eng beieinander als wären sie ein Körper. Dabei küssen und streicheln sie sich. Manchmal haben sie dann Geschlechtsverkehr. Man sagt auch, sie schlafen miteinander.

Der Mann schiebt seinen Penis in die Scheide der Frau. Sie bewegen sich hin und her. Das tut nicht weh. Es ist für beide ein schönes Gefühl. Den Zeitpunkt, an dem das Gefühl am schönsten ist, nennt man Orgasmus. Dabei hat der Mann einen Samenerguss. Das bedeutet, dass die Samen aus dem Penis heraus in die Scheide der Frau fließen. Manchmal entsteht dabei ein Kind.

Im Samen des Mannes sind viele Millionen Samenzellen. Wenn so eine Samenzelle auf die Eizelle einer Frau trifft, dann verschmelzen sie. In den folgenden 9 Monaten entwickelt sich daraus ein Kind.

Schau dir das Bild an. Wo ist die Eizelle, wo die Samenzelle?
Beschrifte:

Eizelle

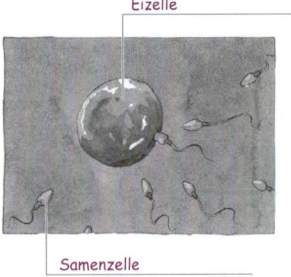

Samenzelle

Die Schwangerschaft

So entwickelt sich ein Baby im Bauch der Mutter.

Ordne die Texte den passenden Bildern zu. Verbinde.
Lies die Größen, die du im Text unten findest auf dem Lineal ab und zeichne sie auf ein Blatt.

Das Herz schlägt. Kopf und Körper sind zu erkennen. Hände und Füße entwickeln sich. Durch die Nabelschnur bekommt das Baby Sauerstoff und Nahrung. Es ist ungefähr 2 Zentimeter groß und 10 Gramm schwer.

4. Monat

Das Baby wird von einer Blase, die mit Flüssigkeit gefüllt ist, geschützt. Sie heißt Fruchtblase. Man kann alle Körperteile erkennen. Das Kind beginnt sich zu bewegen. Es fühlt, wenn die Mutter aufgeregt ist oder schläft. Es ist ungefähr 15 Zentimeter groß und wiegt etwa 80 Gramm.

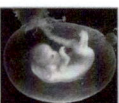

2. Monat

Der Platz im Bauch der Mutter wird immer enger. Das Baby kann jetzt hören und die Augen öffnen. Von außen kann man erkennen, wenn sich das Baby bewegt. Normalerweise liegt das Baby jetzt mit dem Kopf nach unten im Bauch. Es ist ungefähr 40 Zentimeter groß und wiegt etwa 2000 Gramm.

Geburt

Die Geburt kündigt sich durch Wehen bei der Mutter an. Die Fruchtblase platzt. Durch die Scheide hindurch kommt das Baby zur Welt. Wenn das Kind auf der Welt ist, wird die Nabelschnur durchtrennt.

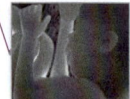

8. Monat

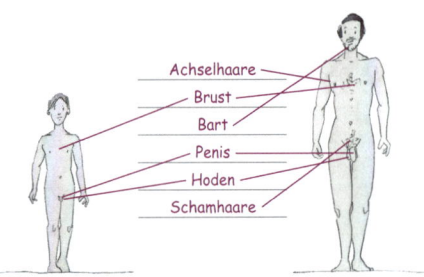

Achselhaare
Brust
Bart
Penis
Hoden
Schamhaare

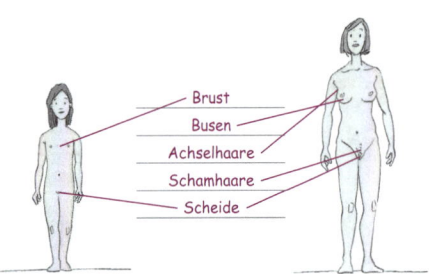

Brust
Busen
Achselhaare
Schamhaare
Scheide

Penis I Hoden I Schamhaare I Brust I Busen I Scheide
Achselhaare I Bart

Beschrifte die Körperteile und verbinde. Die vorgegebenen Wörter helfen dir dabei.

Im Leben verändert sich der Körper eines Menschen. Die Zeit, in der ein Mensch erwachsen wird, nennt man Pubertät. Aus Mädchen werden Frauen, aus Jungen werden Männer. Die Pubertät beginnt in der Regel zwischen 10 und 13 Jahren – bei dem einen früher, bei dem anderen später. Mit 18 Jahren ist man erwachsen. Die Pubertät ist vorbei. Nicht nur der Körper verändert sich – auch dein Fühlen und Denken. Du magst Dinge, die du früher nicht gemocht hast. Vielleicht verstehst du dich mit deinen Eltern nicht mehr und willst deine Ruhe haben. Das ist völlig normal.

Wann beginnt die Pubertät und wann endet sie?
Sie beginnt zwischen 10 und 13 Jahren und endet mit ca. 18.

Was verändert sich in der Pubertät? Vergleiche auch die Bilder auf der linken Seite.
Junge – Mann: Der Körper wird kräftiger, Scham- und Achselhaare wachsen, der Bart beginnt zu wachsen, Brusthaare wachsen.

Mädchen – Frau: Der Körper wird rundlicher, das Mädchen bekommt einen Busen, Achsel- und Schamhaare wachsen.

Wie wirst du dich wohl verändern? Wie wirst du leben? Was wirst du machen? Male oder schreibe.

Es gibt Menschen, die lieben ihr Auto. Andere lieben Pizza und wieder andere würden am liebsten immer nur tanzen. Etwas lieben heißt also, von einer bestimmten Sache gar nicht genug bekommen zu können. Eigentlich bedeutet das Wort Liebe aber die Zuneigung zwischen zwei Menschen. Meist kann man nicht erklären, warum man sich in einen Menschen verliebt. Es ist einfach so – ein wunderschönes Gefühl!

Was ist für dich ein wunderschönes Gefühl? Ungefähr so könnte sich Liebe anfühlen.
Zeige deine Lösung einem Erwachsenen.

Wen oder was magst du besonders?
Zeige deine Lösung einem Erwachsenen.

Wie zeigen sich die Menschen oben ihre Liebe?
Umarmungen, Küsse, Handhalten, beieinander sein ...

Du hast einen Körper, der nur dir allein gehört. Und das ist richtig so. Du alleine darfst entscheiden, zu wem du zärtlich sein möchtest. Deshalb darfst du auch ruhig Nein sagen, wenn jemand etwas von dir will, was du nicht möchtest.
Nein sagen zu etwas, was man nicht will, ist gar nicht so leicht. Nein sagen ist eine Frage deines Selbstbewusstseins und du kannst es lernen.
Nein sagst du am besten mit deinem ganzen Körper. Stampfe mit dem Fuß auf und rufe laut: „Nein!"
Hole dir Hilfe bei einem Erwachsen, den du magst, wenn dein Nein-Gefühl zu groß wird.

Wann hast du schlechte Gefühle? Was magst du nicht?
Die Bilder oben helfen dir.
Zeige deine Lösung einem Erwachsenen.

Wann hast du gute Gefühle? Was magst du?
Zeige deine Lösung einem Erwachsenen.

Übe das Nein-Sagen vor dem Spiegel oder mit einem Partner.

Du bist einzigartig auf dieser Welt! Woran erkennt man dich? Wie lebst du? Was macht dir Spaß? Was magst du nicht?
Fülle den Körperumriss mit Dingen über dich! Du kannst zeichnen, kleben, schreiben oder malen.

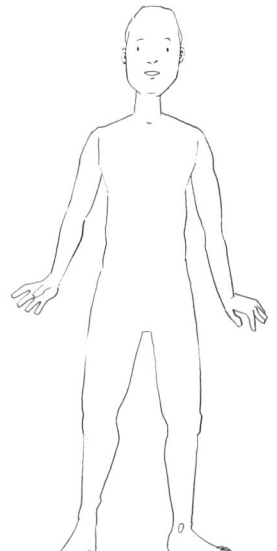

Jungen spielen Fußball und Mädchen spielen mit Puppen, oder? Früher war das vielleicht so, aber heute zum Glück nicht mehr. Jungen und Mädchen – Frauen und Männer haben viele verschiedene Interessen und übernehmen viele verschiedene Aufgaben.

Schau dir die Bilder oben an. Was machst du gerne? Warum?
Zeige deine Lösung einem Erwachsenen.

Wie ist es bei dir zu Hause? Welche Aufgaben übernimmst du?
Zeige deine Lösung einem Erwachsenen.

Was möchtest du einmal von Beruf werden? Warum?
Zeige deine Lösung einem Erwachsenen.

Gesunde Ernährung

Damit dein Körper gesund bleibt, ist eine gesunde Ernährung wichtig. Es gibt verschiedene Lebensmittelgruppen:

| Fette und Öle | Getränke | Fisch, Fleisch und Eier | Milch und Milchprodukte |

| Süßigkeiten | Gemüse und Obst | Getreideprodukte |

Die Ernährungspyramide zeigt dir, von welchen Lebensmittelgruppen du viel und von welchen du wenig essen solltest.

wenig

Fette und Öle

Milch, Milchprodukte, Eiweiß

Fisch, Fleisch, Eier

Getreideprodukte

Gemüse

Obst

Getränke

viel

Beschrifte die Ernährungspyramide. Was stimmt? Kreuze die richtigen Regeln an.

Gesunde Getränke sind Wasser und ungesüßter Tee.

[X] Trinke viel. Dein Körper benötigt jeden Tag 2 Liter Flüssigkeit.

[X] Iss möglichst viele verschiedene Lebensmittel.

[ ] Iss viele Süßigkeiten.

[ ] Iss nur immer aus einer Lebensmittelgruppe.

[X] Iss am meisten Gemüse und Obst.

Welches Pausenfrühstück ist gesund, welches nicht? Überprüfe mit der Checkliste und entscheide.

[X] wenig Zucker
[X] viel Obst und Gemüse
[X] verschiedene Lebensmittelgruppen
[X] gesundes Getränk

[X] gesund   [ ] ungesund

[ ] wenig Zucker
[ ] viel Obst und Gemüse
[X] verschiedene Lebensmittelgruppen
[ ] gesundes Getränk

[ ] gesund   [X] ungesund

[X] wenig Zucker
[X] viel Obst und Gemüse
[X] verschiedene Lebensmittelgruppen
[X] gesundes Getränk

[X] gesund   [ ] ungesund

Wie soll dein gesundes Pausenfrühstück aussehen? Welches Getränk wählst du? Zeichne und begründe deine Auswahl.

z. B. Es ist wenig Zucker enthalten.

Es gibt viel Obst und Gemüse.

Ich habe aus verschiedenen

Lebensmittelgruppen ausgewählt.

Nährstoffe

Mit der Nahrung nehmen wir wichtige Nährstoffe auf, die unser Körper braucht.

| Kohlenhydrate | Fette | Vitamine | Eiweiße |

| Ballaststoffe | Mineralstoffe |

1. Sie sind wichtig für die Verdauung.

B A L L A S_6 T S T O F F E

2. Sie schützen vor Krankheiten und regeln viele Körperfunktionen.

V I T A_3 M I N_4 E

3. Daraus werden Körperzellen gebildet.

E I W E I ß E

4. Es gibt zwei Arten davon. Als Zucker liefern sie schnelle Energie, als Stärke langsame Energie.

K O H L E N_7 H Y D R_8 A T E

5. Sie sind zum Beispiel für die Knochen sehr wichtig.

M I N_2 E R A L S T O F F E

6. Es gibt davon pflanzliche und tierische. Die pflanzlichen sind gesund. Von den tierischen sollte man nur wenig essen.

F E T_5 T E

Löse das Rätsel. Welches Lösungswort erhältst du?

F_1 I_2 T_3 U N_4 D   G E_5 S_6 U N_7 D_8

Von welchen Nährstoffen sind in den unterschiedlichen Nahrungsmitteln besonders viele enthalten? Folge den Linien und fülle die Tabelle aus.

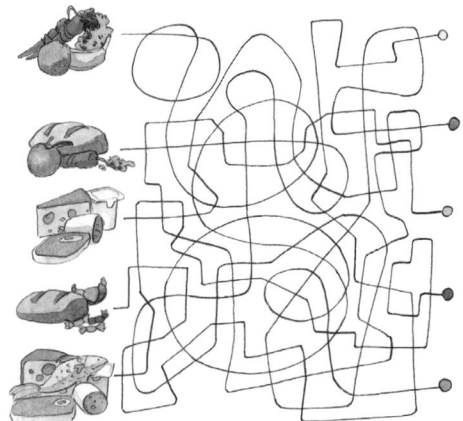

Kohlenhydrate	Getreideprodukte, Süßigkeiten
Ballaststoffe	Obst, Gemüse, Getreideprodukte
Eiweiße	Fleisch, Wurst
Vitamine	Obst, Gemüse
Mineralstoffe	Obst, Gemüse
Fette	Fleisch, Milchprodukte

Nährstoffe nachweisen

Fett nachweisen.

Du benötigst:
- verschiedene Lebensmittel
- ein Löschblatt oder Filterpapier
- Bleistift
- Uhr

Tupfe und reibe die Lebensmittel nebeneinander auf das Papier.
Schreibe neben jeden Fleck, welches Lebensmittel es ist.
Warte 20 Minuten. Halte dann das Papier gegen das Licht. Wenn in den Lebensmitteln Fett enthalten ist, siehst du einen durchscheinenden Fleck.
In welchen Lebensmitteln konntest du Fett nachweisen?
Fülle die Tabelle aus.

Lebensmittel, die Fett enthalten	Lebensmittel, die kein Fett enthalten
z. B. Joghurt, Butter, Milch, Sahne, Wurst, Chips, Schokolade ...	z. B. Gurken, Äpfel, Tee, Honig, Nudeln ...

Eiweiß nachweisen.

Du benötigst:
- etwas Milch in einem Glas
- Essig
- einen Löffel

Durch Säure im Essig wird Eiweiß flockig.

**Gib einen Löffel Essig zu der Milch.
Was kannst du erkennen?**
Es bilden sich Flocken.

Wasser nachweisen.

Du benötigst:
- einen Apfel in Stücken
- Plastikbeutel
- Gummiband

Du kannst auch andere flüssige Lebensmittel testen.

Lege die Apfelstücke in die Plastiktüte. Verschließe die Tüte mit dem Gummiband ganz fest. Lege die verschlossene Tüte an einen warmen Ort, z. B. auf die Fensterbank oder im Winter auf die Heizung.
Was kannst du beobachten? Schreibe auf.
An der Innenseite der Plastiktüte bilden sich
Wassertröpfchen. Sie wird feucht.

Zucker und Mehl

Zuckerarten erkennen
Zucker gehört zu den Kohlenhydraten. Sie liefern dem Körper Energie.
Erhält der Körper mehr Energie als er benötigt, werden die Kohlenhydrate als Fettzellen gelagert. Du wirst dick.
Außerdem wird dein Körper krank, wenn du ständig viel Zucker im Blut hast. Daher ist es wichtig, dass du darauf achtest, nicht zu viel Zucker zu dir zu nehmen.

Es gibt unterschiedliche Arten von Zucker. Manchmal heißen sie gar nicht Zucker, sondern haben andere Namen.

Recherchiere im Internet, welche verschiedenen Zuckerarten es gibt.
z. B. Fructose, Glucose, Saccharose, Maltose, Raffinade,
Sirup, Honig, Süßstoffe (z. B. Aspartam), Vollrohrzucker ...

Auf Lebensmittelverpackungen wird angegeben, welche Inhaltsstoffe in dem Lebensmittel stecken. Der Inhaltsstoff, von dem am meisten in dem Lebensmittel steckt, steht ganz vorne. Der Inhaltsstoff, von dem am wenigsten enthalten ist, hinten.

Markiere auf den Zutatenlisten der abgebildeten Lebensmittel den Zucker.

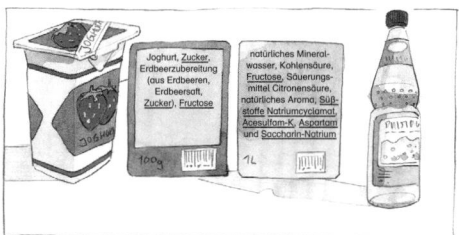

 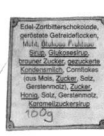 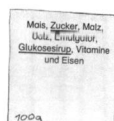 

In Säfte wird kein zusätzlicher Zucker gegeben. Er besteht nur aus den Früchten. Allerdings enthalten die Früchte sehr viel Fruchtzucker. Daher zählen Säfte zu den Lebensmitteln mit viel Zucker, auch wenn du auf der Zutatenliste keinen Zucker finden kannst.

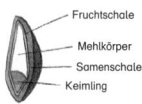

Mehl
Mehl wird aus Korn gemacht. Bestimmt ist dir schon einmal aufgefallen, dass es weißes Mehl gibt (Weißmehl) und dunkleres Mehl (Vollkornmehl).

Fruchtschale
Mehlkörper
Samenschale
Keimling

Überlege: Warum heißt Vollkornmehl VOLL-KORN-Mehl? Und warum sieht es wohl dunkler aus?
weil das ganze Korn mit Schale gemahlen wird

Was stimmt? Kreuze an.

[X] Vollkornmehl enthält mehr Vitamine und Mineralstoffe.

[ ] Weißes Mehl enthält mehr Vitamine und Mineralstoffe.

[ ] Vollkornmehl kann man nicht zum Backen nehmen.

[X] Vollkornmehl macht länger satt.

[X] Vollkornmehl ist gut für die Verdauung.

[ ] Weißes Mehl schützt vor Krankheiten.

[ ] Kinder sollten nur weißes Mehl essen.

Lösungen

Frühstücksmüsli

Dein Frühstücks-Müsli kannst du dir jeden Tag anders zusammenstellen.
Wähle aus:

1 Milchprodukt
Milch
Joghurt
Quark mit etwas Saft
Kefir
z. B. Buttermilch

1-2 Getreidearten
Vollkornhaferflocken
Dinkelflocken
Getreideflakes
z. B. Amaranth

2-3 Obst-/Nusssorten
Apfelstücke
Bananenstücke
Erdbeeren
Rosinen
Walnüsse
z. B. Himbeeren

Du kannst noch deine eigenen Ideen dazu schreiben.

Zum Süßen kannst du ein bisschen flüssigen Honig benutzen.
Schreibe das Rezept für dein Lieblingsmüsli auf.

z. B. Joghurt, Vollkornhaferflocken, Himbeeren, Walnüsse

Schnelles Brot

Zutaten: 1/2 Liter lauwarmes Wasser, 1/2 Teelöffel Honig,
1 vollen Teelöffel Salz, 1/2 Würfel Hefe, 600 Gramm Weizen-
vollkornmehl, 100 Gramm Kerne oder Nüsse
Ordne das Rezept – nummeriere.

3		Lege die Kastenform mit dem Backpapier aus und gib den Teig hinein.
2		Knete aus dem Hefewasser, dem Mehl und den Kernen einen Teig.
6		Stelle zuletzt den Backofen auf 200 Grad und backe das Brot 60-70 Minuten.
1		Vermische zuerst das Wasser, den Honig, das Salz und die Hefe, bis die Hefe aufgelöst ist.
4		Schneide den Teig in der Form mit einem Messer längs ein.
5		Stelle die Form mit dem Teig in den Backofen.

Lustige Brotgesichter

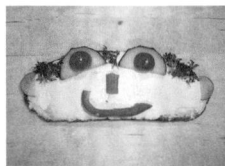 

Das brauchst du:
- 2 Brotscheiben mit Frischkäse bestrichen
- Gemüse in Stückchen, Streifen und Scheiben, z. B. Radieschen, kleine Tomaten, Paprika, Gurken, Möhren, Petersilie, Kresse

Wie sollen deine Brotgesichter aussehen? Zeichne sie und schreibe die Zutaten auf.

Zutaten: _____

Zeige deine Brotgesichter und Zutaten einem Erwachsenen.

Zutaten: _____

Finde den richtigen Verdauungsweg.

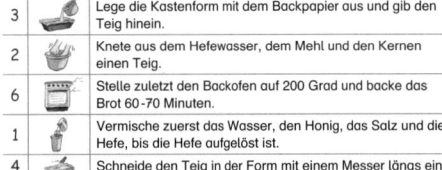

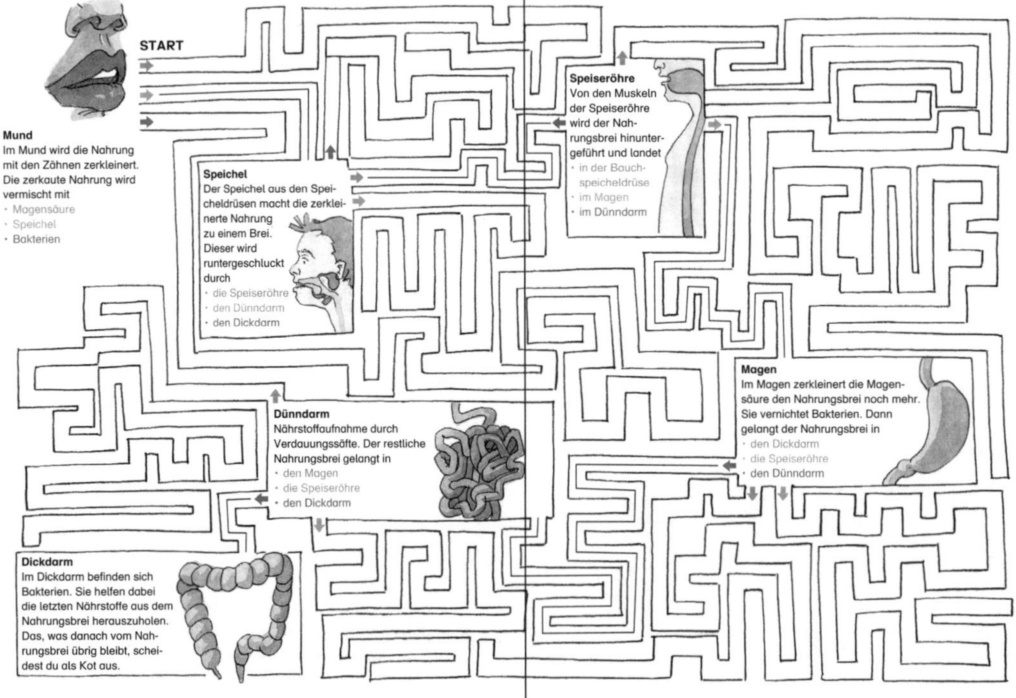

START

Mund
Im Mund wird die Nahrung mit den Zähnen zerkleinert. Die zerkaute Nahrung wird vermischt mit
- Magensäure
- Speichel
- Bakterien

Speichel
Der Speichel aus den Speicheldrüsen macht die zerkleinerte Nahrung zu einem Brei. Dieser wird runtergeschluckt durch
- die Speiseröhre
- den Dünndarm
- den Dickdarm

Speiseröhre
Von den Muskeln der Speiseröhre wird der Nahrungsbrei hinuntergeführt und landet
- in der Bauchspeicheldrüse
- im Magen
- im Dünndarm

Dünndarm
Nährstoffaufnahme durch Verdauungssäfte. Der restliche Nahrungsbrei gelangt in
- den Magen
- die Speiseröhre
- den Dickdarm

Magen
Im Magen zerkleinert die Magensäure den Nahrungsbrei noch mehr. Sie vernichtet Bakterien. Dann gelangt der Nahrungsbrei in
- den Dickdarm
- die Speiseröhre
- den Dünndarm

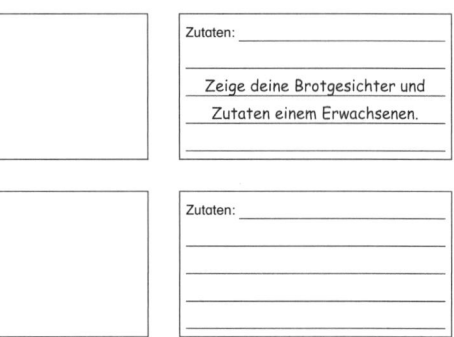

Dickdarm
Im Dickdarm befinden sich Bakterien. Sie helfen dabei die letzten Nährstoffe aus dem Nahrungsbrei herauszuholen. Das, was danach vom Nahrungsbrei übrig bleibt, scheidest du als Kot aus.

Nicht nur gesunde Ernährung und genug Flüssigkeit erhalten dich gesund. Genauso wichtig ist es, dass du deinen Körper gut kennst und dich genügend bewegst.

Überlege: Wobei bewegst du dich tagsüber viel? Wobei bewegst du dich nicht oder nur sehr wenig? Kreuze an.

Aktivität	viel Bewegung	wenig Bewegung
Schulweg		
Unterricht		X
Sportunterricht	X	
Hofpause		
Hausaufgaben machen		X
mit Freunden treffen		
Fernsehen		X
Computer spielen		X
Sportverein	X	
draußen spielen	X	

Was könntest du noch tun, damit du dich mehr bewegst? Wichtig ist, dass es dir auch Spaß macht. Notiere deine Ideen und probiere jeden Tag etwas davon aus.

z. B. mit dem Fahrrad zur Schule fahren, viel draußen spielen, in der Hofpause Laufspiele spielen …

Um deinen Körper besser kennenzulernen und dich zu bewegen, kannst du dieses Spiel ausprobieren.
Baue dir eine Hindernisstrecke mit unterschiedlichen Hindernissen auf.
Als Hindernisse kannst du z. B. einen Stuhl, ein Seil zum Balancieren und Bücher als Hindernisstrecke verwenden. Lege dir ein Kissen auf den Kopf und überwinde die Hindernisstrecke. Das Kissen darf nicht herunterfallen.
Wie soll deine Hindernisstrecke aussehen? Zeichne sie.

Zeige deine Strecke einem Erwachsenen.

Hast du die Seite fertig bearbeitet? Dann darfst du dir hinten einen Stern auf die Nummer 140 kleben.

Genauso wichtig wie viel Bewegung sind jedoch Pausen. Dann hast du die Zeit, ganz ruhig zu werden und deinen Körper zu spüren. Du kannst dich entspannen.

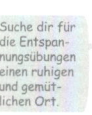

Suche dir für die Entspannungsübungen einen ruhigen und gemütlichen Ort.

Spüre deinen Atem

Übung 1
Lege dich auf den Rücken. Lege beide Hände auf deinen Bauch. Atme ruhig und regelmäßig ein und aus. Spüre wie dein Bauch sich bewegt.

Übung 2
Lege nun die Arme rechts und links neben deinen Körper. Die Handinnenflächen zeigen nach oben. Atme nun wieder ruhig und regelmäßig ein und aus. Beim Ausatmen drehst du die Handflächen nach unten, beim Einatmen wieder nach oben.

	Wie hast du dich bei der Übung gefühlt?	Hast du dich nach der Übung anders gefühlt als vor der Übung? Wie?
Übung 1	z. B. ausgeruht, ruhig, unwohl, wohl, erholt, fröhlich, müde …	z. B. gelangweilt, unwohl, traurig, erholt, voller neuer Kraft, zufrieden …
Übung 2	siehe oben	siehe oben

Hast du die Seite fertig bearbeitet? Dann darfst du dir hinten einen Stern auf die Nummer 73 kleben.

Zum Lernen benötigst du Konzentration. Konzentration bedeutet, dass du dich nur mit einer Sache beschäftigst und dich nicht ablenken lässt.
Deine Konzentrationsfähigkeit ist nicht den ganzen Tag über gleich. Es gibt Tageszeiten, da kannst du dich besonders gut konzentrieren. Zu anderen Tageszeiten fällt es dir schwerer.

Finde heraus, zu welcher Tageszeit du dich gut konzentrieren kannst. Das dauert wahrscheinlich ein bisschen. Du musst vielleicht verschiedene Tageszeiten ausprobieren. Hast du es herausgefunden, versuche immer zu diesem Zeitpunkt deine Hausaufgaben zu machen und zu lernen.

Tageszeit	Konzentration fällt mir leicht	Konzentration fällt mir schwer
direkt nach der Schule		
nach dem Mittagessen	Zeige deine Lösung einem Erwachsenen.	
nach einer Spielpause		
nach dem Abendessen		

Die beste Tageszeit zum Lernen ist für mich: _____

Pausen
Niemand kann sich ohne Pause konzentrieren. Grundschulkinder können sich ungefähr 20 Minuten konzentrieren. Es ist wichtig, dass du merkst, wann deine Konzentration nachlässt. Dann solltest du eine Pause machen, etwas trinken und dich bewegen.

Dafür kannst du das Spiel und die Übungen auf den Seiten 60 und 61 nutzen.

Du kannst dir auch selbst eine Entspannungsübung ausdenken.

Hast du die Seite fertig bearbeitet? Dann darfst du dir hinten einen Stern auf die Nummer 47 kleben.

Um gut deine Hausaufgaben zu machen und gut zu lernen, benötigst du einen geeigneten Platz.
Überprüfe, ob dein Lernplatz geeignet ist. Kreuze an.

	stimmt	stimmt nicht
An meinem Lernplatz habe ich meine Ruhe.		
Mein Lernplatz ist schön hell.		
Ich kann dort bequem sitzen.		
Ich habe genug Schubladen oder Fächer, um meine Arbeitsmaterialien aufzubewahren.	Zeige deine Antworten einem Erwachsenen.	
Mein Lernplatz ist aufgeräumt.		
Alle Materialien, die ich brauche, sind an meinem Lernplatz.		
Mein Lernplatz gefällt mir.		

Falls du einmal oder mehrmals „stimmt nicht" angekreuzt hast: Überlege, was du ändern könntest, damit dein Lernplatz sich verbessert. Notiere deine Ideen:
z. B. Schreibtisch umstellen, aufräumen, 1 Bild aufstellen

Schlafen
Damit dein Körper gesund bleibt und du dich gut fühlst, ist es wichtig, dass du genug schläfst. Nur dann kann dein Körper sich gut erholen. Schulkinder benötigen ungefähr 9-11 Stunden Schlaf. Einige benötigen etwas mehr, andere etwas weniger. Das kann von Kind zu Kind verschieden sein. Wichtig ist, dass du dich tagsüber fit fühlst.

So kannst du besser einschlafen: Gehe immer ungefähr um die gleiche Zeit schlafen. Schaue keine aufregenden Filme vor dem Einschlafen.

Wie viele Stunden schläfst du?

Ich gehe um _____ Uhr ins Bett. Ich stehe um _____ Uhr auf.

Ich schlafe also _____ Stunden.

Zeige deine Lösung einem Erwachsenen.

Hast du die Seite fertig bearbeitet? Dann darfst du dir hinten einen Stern auf die Nummer 114 kleben.

Lösungen

Wie viele Tage kann ein Mensch überleben, ohne zu trinken?

[X] 3-4 Tage   [ ] 5-6 Tage   [ ] 12-13 Tage

Mit etwa 6 Jahren fallen die ersten Zähne des Milchgebisses aus. Wie viele Zähne hat ein Erwachsener im Mund?

[ ] 30   [X] 32   [ ] 34

Das menschliche Skelett besteht aus vielen einzelnen Knochen. Aus wie vielen?

[ ] aus über 100   [ ] aus über 1800   [X] aus über 200

Um sich bewegen zu können, brauchen wir Menschen Muskeln. Doch wie viele haben wir ungefähr in unserem Körper?

[X] über 600   [ ] über 7000   [ ] über 80

Unser Herz schlägt ohne Pause. Wie oft ungefähr in der Minute?

[X] 70   [ ] 700   [ ] 420

Durch Schwitzen, über den Urin, durch die Atmung verliert der Körper täglich Wasser. Wie viel insgesamt?

[ ] ca. 1,0 l   [ ] ca. 5,0 l   [X] ca. 2,5 l

Jeden Tag fallen uns Haare aus. Weißt du, wie viele es täglich ungefähr sind?

[ ] bis zu 10   [ ] bis zu 50   [X] bis zu 100

Wie viele Stunden Schlaf brauchst du pro Nacht?

[ ] 4-5 h   [X] 9-11 h   [ ] 18-20 h

Die Zeit, in der aus einem Kind ein Erwachsener wird, nennen wir Pubertät. Diese Zeit dauert einige Jahre. Wie viele?

[ ] ca. 2 Jahre   [X] ca. 6 Jahre   [ ] ca. 10 Jahre

Jeder Zahn besteht aus einer **Zahnkrone** und einer **Zahnwurzel**.
Die **Zahnwurzel** kannst du von außen nicht sehen. Sie hält den Zahn im Kieferknochen fest.
Die äußere Schicht des Zahns bildet der **Zahnschmelz**. Er ist härter als Knochen.
Unter dem **Zahnschmelz** befindet sich das **Zahnbein**. Es ist weicher und empfindlicher als der **Zahnschmelz**.
Im Inneren des **Zahnbeins** befindet sich das **Zahnmark**. Im **Zahnmark** verlaufen Nervenfasern und Blutgefäße. Die Nervenfasern leiten Reize wie Wärme oder Kälte an das Gehirn weiter. Die Blutgefäße versorgen den Zahn mit Nährstoffen.

Beschrifte den Querschnitt des Zahns.

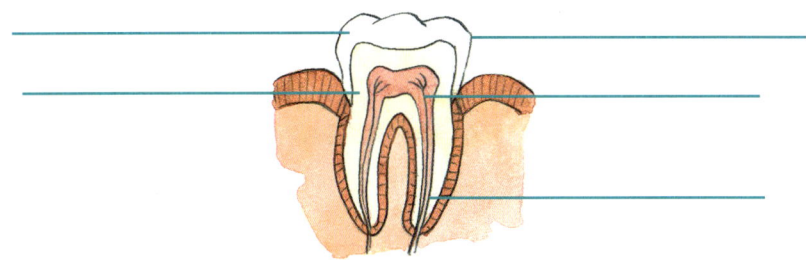

Wie kommen die Löcher in die Zähne?

Löcher in den Zähnen entstehen durch **Bakterien** im Mund. Die Bakterien ernähren sich von **Zucker** aus Nahrungsresten. Damit bilden sie **Säuren**, die den **Zahnschmelz** weich machen und beschädigen. Ein Loch entsteht. Hier können die Bakterien in das **Zahnbein** eindringen. Das Loch wird tiefer. Du bekommst Zahnschmerzen.

Wie kannst du deine Zähne schützen?
Setze die passenden Begriffe ein.

Durch regelmäßiges Zähneputzen kannst du dafür sorgen, dass die

_____ möglichst wenig _____

bekommen. Dann können sie auch keine _____ bilden

und deinen Zähnen nicht schaden.

Hast du die Seite fertig bearbeitet? Dann darfst du dir hinten einen Stern auf die Nummer 31 kleben.

33

Wir Menschen haben
fünf Sinnesorgane:

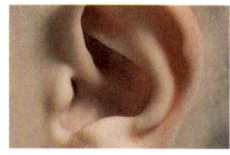

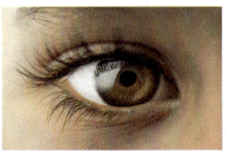

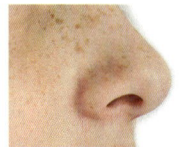

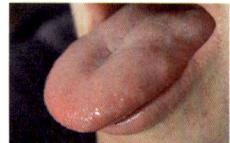

Was passiert, wenn wir auf einen Sinn verzichten müssen?

Probiere es aus:

Verbinde deine Augen mit einem Tuch. Gehe ins Bad und wasche deine Hände.

Was stellst du fest?

_____

_____

_____

Welche Sinne haben dir geholfen, die Aufgaben auszuführen?

_____

_____

_____

> **Funktionen des Auges**
> Eines der wichtigsten Teile unseres Auges ist der <u>Augapfel</u>. Er ist kugelförmig. In seiner Mitte befindet sich die <u>Pupille</u> und rundherum die <u>Regenbogenhaut</u>. An ihr zeigt sich die Augenfarbe eines Menschen. Die <u>Lider</u> und die <u>Wimpern</u> schützen das Auge vor Staub. Wir verfügen über ein <u>Oberlid</u> und ein <u>Unterlid</u>. Die <u>Augenbrauen</u> leiten den Schweiß vom Auge weg.

Kannst du die sichtbaren Teile des Auges benennen?
Der Text hilft dir dabei. Schreibe die Begriffe auf die Linien.

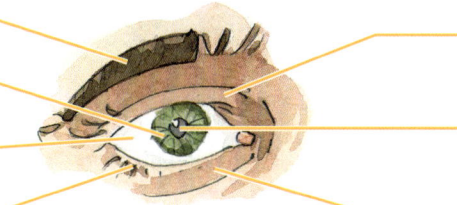

Warum haben wir zwei Augen?
Probiere es aus: Decke ein Auge ab, laufe rückwärts und blicke abwechselnd nach links und rechts. Was stellst du fest?

Weitere Funktionen der Augen
Sehen in der Dunkelheit:

Nachts sind alle Katzen grau!

Schaue dir die unteren Farbpunkte gut an. Dunkele dann einen Raum so ab, dass du gerade noch etwas sehen kannst. Betrachte nun nochmals die Farbpunkte. Wie siehst du die Farben jetzt?

Spiele das Blinzelspiel: Setze dich einem Spiegel gegenüber und halte die Augen auf. Versuche so lange wie möglich nicht zu blinzeln. Was kannst du beobachten? Erkläre.

Hast du die Seite fertig bearbeitet? Dann darfst du dir hinten einen Stern auf die Nummer 125 kleben.

35

Wie kommen Geräusche in unser Ohr?

Probiere es aus: Bespanne einen Topf mit Frischhaltefolie. Befestige sie stramm mit einem Gummiband. Lege einige Reiskörner darauf.

Nimm ein Backblech in die eine Hand und einen Kochlöffel in die andere Hand.

Halte das Backblech etwa 10 Zentimeter vom Topf entfernt. Trommle mit dem Löffel auf das Backblech.

Ich höre _____

_____

Ich sehe _____

_____

Fülle die Lücken mithilfe der Lösungswörter aus:

Immer wenn ein Gegenstand angeschlagen oder angezupft wird, entsteht

ein _____ . Der Gegenstand wird in Bewegung versetzt.

Er fängt an zu _____ . Dabei wird die _____

hoch und herunter gedrückt. Die _____ dringen somit durch

die Luft direkt an unser _____ . Wir können sie nicht sehen.

Im Ohr werden die Schallwellen in elektrische Nervenimpulse umgewandelt.

Lösungswörter: Ohr | Schallwellen | Geräusch | schwingen | Luft

Bevor wir Geräusche wirklich hören können, müssen die Schallwellen noch einen langen Weg im Ohr zurücklegen.

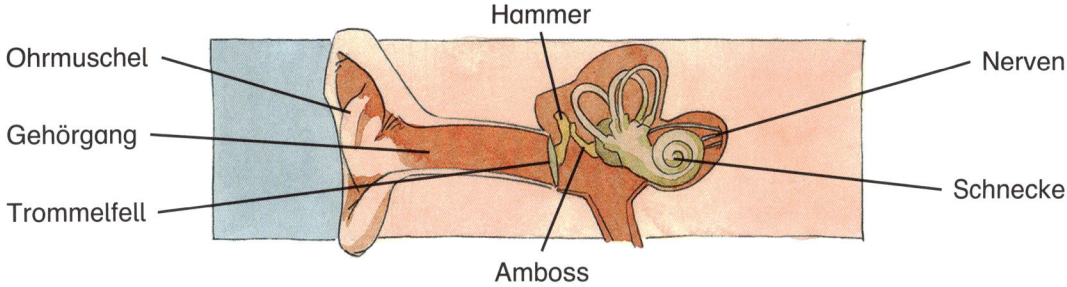

Ohrmuschel

Gehörgang

Trommelfell

Hammer

Nerven

Schnecke

Amboss

Löse das Silbenrätsel und du findest den Weg der Schallwellen durch das Ohr:

1. Von außen sichtbar, hat dieser Teil des Ohres die Form eines
   Meereslebewesens. _____

2. Die Schallwellen breiten sich weiter durch eine Art Tunnel im Ohr aus.
   Er nennt sich _____

3. Dann gelangen sie weiter zu einem gespannten Häutchen, das seinen
   Namen nach einem Musikinstrument hat. _____

4. Dieses leitet nun die Schallwellen weiter an die Gehörknöchelchen
   Hammer, _____ und Steigbügel.

5. Die Gehörknöchelchen übertragen die Schallwellen weiter auf die
   _____ , die ihren Namen nach einem Kriechtier
   mit Häuschen hat.

6. Am Ende werden die Schallwellen im Innenohr in elektrische Impulse
   umgewandelt. Über _____ werden sie zum
   Gehirn transportiert.

Silben:
bü-cke-fell-gang-Ge-gel-hör-mel- mu-Ner-Ohr- schel-Schne-Steig-Trom-ven

Hast du die Seite fertig bearbeitet? Dann darfst du dir hinten einen Stern auf die Nummer 35 kleben.

37

Welches ist deine Lieblingsspeise? _____

Beschreibe ihren Geschmack.

_____

> Da läuft einem das Wasser im Mund zusammen!

Was bedeutet das Sprichwort „Wasser im Mund zusammenlaufen"?

_____

_____

Probiere es aus: Fülle mehrere Schälchen mit breiigen Nahrungsmitteln.

Stelle die Schalen vor dich hin. Verbinde deine Augen. Probiere die Nahrungsmittel aus den unterschiedlichen Schälchen. Schaffst du es, sie zu erschmecken?

Führe den Versuch noch einmal durch, indem du dir zusätzlich die Nase zuhältst. Welche Veränderung kannst du feststellen?

_____

_____

Dass wir den Geschmack von Gerichten und Nahrungsmitteln so genau beschreiben können, liegt an den vielen Nerven, die unsere Zunge mit dem Gehirn verbinden. Die Zunge schmeckt etwas und leitet den Geschmack an unser Gehirn weiter. Dort wird er gespeichert. Dieser Geschmacksspeicher steht uns immer zur Verfügung.

Bereite vier Wasserbecher mit unterschiedlichen Geschmacksrichtungen vor. Lege Wattestäbchen bereit.

Tauche das erste Wattestäbchen in den ersten Becher und betupfe deine Zunge. Wie schmeckt es? Verbinde mit der richtigen Geschmacksrichtung.

Becher 1 = Zuckerwasser	salzig
Becher 2 = Grapefruitsaft	sauer
Becher 3 = Zitronenwasser	bitter
Becher 4 = Salzwasser	süß

Unsere Zunge ist mit Geschmacksknospen ausgestattet. Diese liegen in der Mitte und am Rand der Zunge. Mithilfe der Geschmacksknospen können wir erkennen, ob eine Speise süß, bitter, salzig oder sauer schmeckt.
Doch welcher Teil der Zunge ist für welche Geschmacksrichtung zuständig?

Trage hier ein, wo du was am besten schmeckst.

Zuckerwasser (1), Grapefruitsaft (2), Zitronenwasser (3), Salzwasser (4)

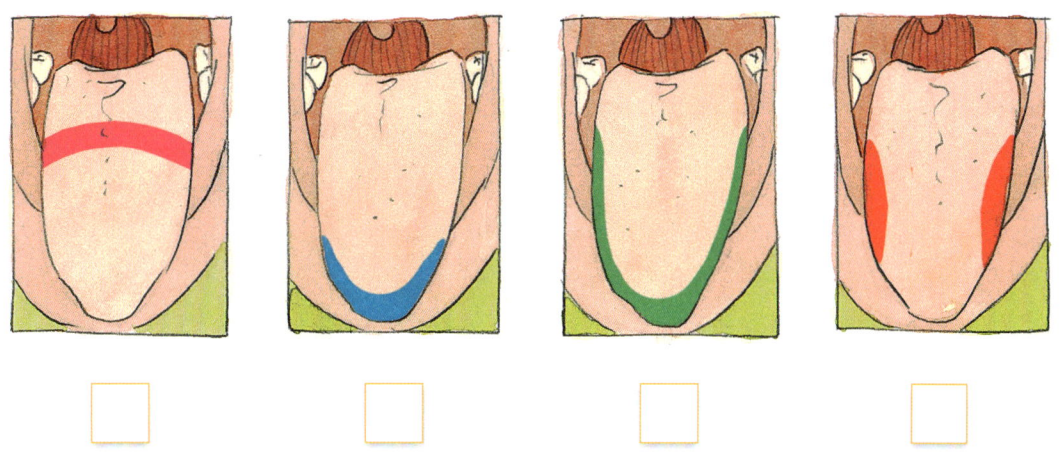

Hast du die Seite fertig bearbeitet? Dann darfst du dir hinten einen Stern auf die Nummer 48 kleben.

39

Die Befruchtung

Wenn ein Mann und eine Frau sich lieben, dann möchten sie sich so nahe wie möglich sein – so eng beieinander als wären sie ein Körper.
Dabei küssen und streicheln sie sich. Manchmal haben sie dann Geschlechtsverkehr. Man sagt auch, sie schlafen miteinander.

Der Mann schiebt seinen Penis in die Scheide der Frau. Sie bewegen sich hin und her. Das tut nicht weh. Es ist für beide ein schönes Gefühl.
Den Zeitpunkt, an dem das Gefühl am schönsten ist, nennt man Orgasmus. Dabei hat der Mann einen Samenerguss. Das bedeutet, dass die Samen aus dem Penis heraus in die Scheide der Frau fließen. Manchmal entsteht dabei ein Kind.

Im Samen des Mannes sind viele Millionen Samenzellen. Wenn so eine Samenzelle auf die Eizelle einer Frau trifft, dann verschmelzen sie. In den folgenden 9 Monaten entwickelt sich daraus ein Kind.

Schau dir das Bild an. Wo ist die Eizelle, wo die Samenzelle?
Beschrifte:

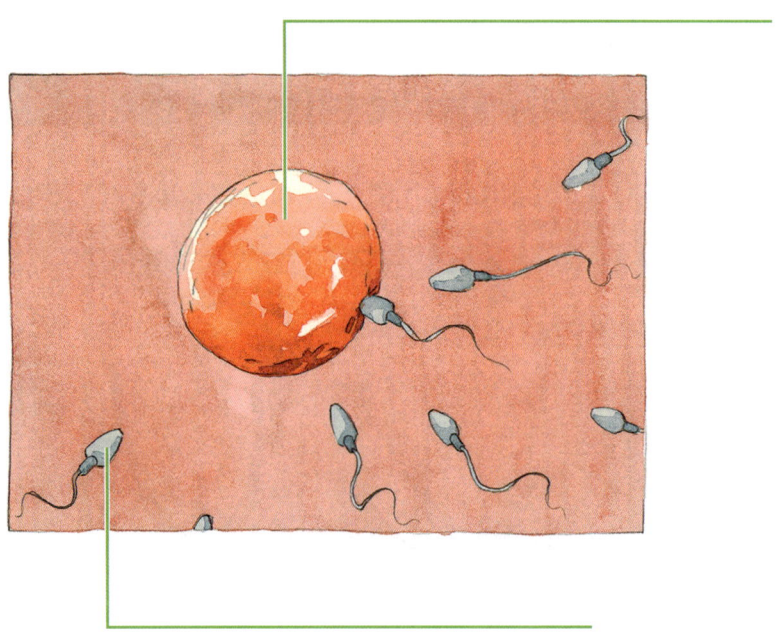

Hast du die Seite fertig bearbeitet? Dann darfst du dir hinten einen Stern auf die Nummer 32 kleben.

Die Schwangerschaft

So entwickelt sich ein Baby im Bauch der Mutter.

Ordne die Texte den passenden Bildern zu. Verbinde.

Lies die Größen, die du im Text unten findest auf dem Lineal ab und zeichne sie auf ein Blatt.

Das Herz schlägt. Kopf und Körper sind zu erkennen. Hände und Füße entwickeln sich. Durch die Nabelschnur bekommt das Baby Sauerstoff und Nahrung. Es ist ungefähr 2 Zentimeter groß und 10 Gramm schwer.

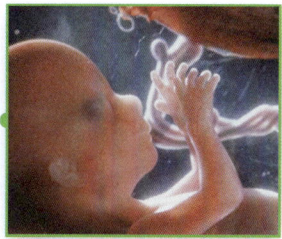

4. Monat

Das Baby wird von einer Blase, die mit Flüssigkeit gefüllt ist, geschützt. Sie heißt Fruchtblase. Man kann alle Körperteile erkennen. Das Kind beginnt sich zu bewegen. Es fühlt, wenn die Mutter aufgeregt ist oder schläft. Es ist ungefähr 15 Zentimeter groß und wiegt etwa 80 Gramm.

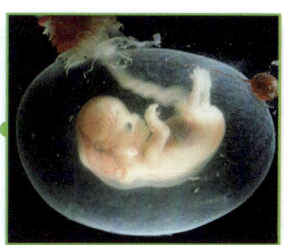

2. Monat

Der Platz im Bauch der Mutter wird immer enger. Das Baby kann jetzt hören und die Augen öffnen. Von außen kann man erkennen, wenn sich das Baby bewegt. Normalerweise liegt das Baby jetzt mit dem Kopf nach unten im Bauch.Es ist ungefähr 40 Zentimeter groß und wiegt etwa 2000 Gramm.

Geburt

Die Geburt kündigt sich durch Wehen bei der Mutter an. Die Fruchtblase platzt. Durch die Scheide hindurch kommt das Baby zur Welt. Wenn das Kind auf der Welt ist, wird die Nabelschnur durchtrennt.

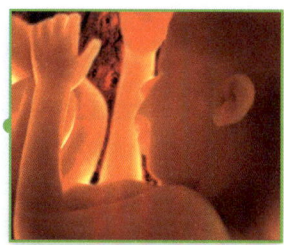

8. Monat

Hast du die Seite fertig bearbeitet? Dann darfst du dir hinten einen Stern auf die Nummer 61 kleben.

41

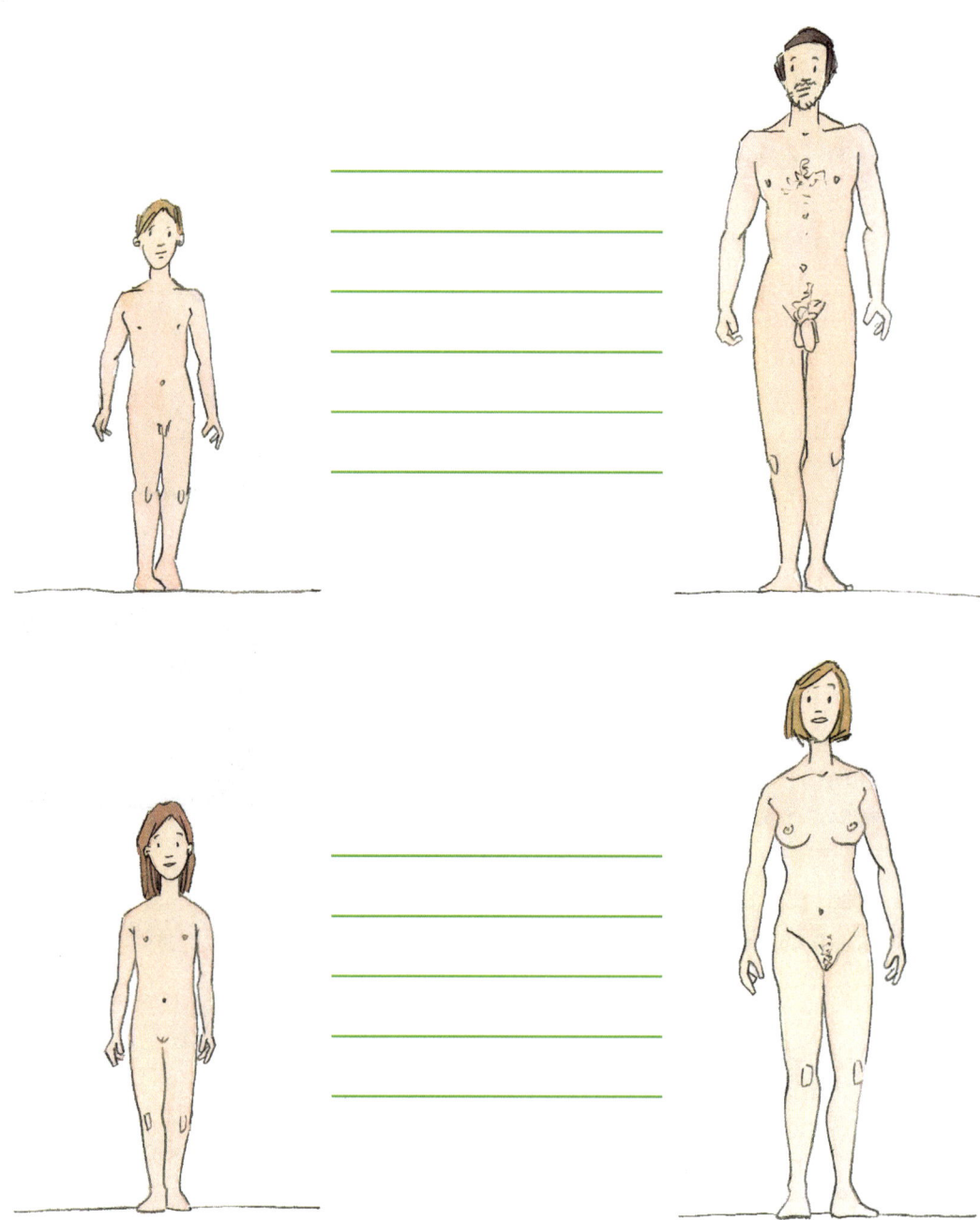

Penis | Hoden | Schamhaare | Brust | Busen | Scheide
Achselhaare | Bart

**Beschrifte die Körperteile und verbinde. Die vorgegebenen Wörter
helfen dir dabei.**

Im Leben verändert sich der Körper eines Menschen. Die Zeit, in der ein Mensch erwachsen wird, nennt man Pubertät. Aus Mädchen werden Frauen, aus Jungen werden Männer. Die Pubertät beginnt in der Regel zwischen 10 und 13 Jahren – bei dem einen früher, bei dem anderen später. Mit 18 Jahren ist man erwachsen. Die Pubertät ist vorbei.
Nicht nur der Körper verändert sich – auch dein Fühlen und Denken. Du magst Dinge, die du früher nicht gemocht hast. Vielleicht verstehst du dich mit deinen Eltern nicht mehr und willst deine Ruhe haben. Das ist völlig normal.

Wann beginnt die Pubertät und wann endet sie?

_____

Was verändert sich in der Pubertät? Vergleiche auch die Bilder auf der linken Seite.

Junge – Mann: _____

_____

_____

Mädchen – Frau: _____

_____

_____

Wie wirst du dich wohl verändern? Wie wirst du leben?
Was wirst du machen? Male oder schreibe.

Hast du die Seite fertig bearbeitet? Dann darfst du dir hinten einen Stern auf die Nummer 153 kleben.

43

Es gibt Menschen, die lieben ihr Auto. Andere lieben Pizza und wieder andere würden am liebsten immer nur tanzen. Etwas lieben heißt also, von einer bestimmten Sache gar nicht genug bekommen zu können. Eigentlich bedeutet das Wort Liebe aber die Zuneigung zwischen zwei Menschen. Meist kann man nicht erklären, warum man sich in einen Menschen verliebt. Es ist einfach so – ein wunderschönes Gefühl!

Was ist für dich ein wunderschönes Gefühl? Ungefähr so könnte sich Liebe anfühlen.

_____

_____

Wen oder was magst du besonders?

_____

Wie zeigen sich die Menschen oben ihre Liebe?

_____

_____

Du hast einen Körper, der nur dir allein gehört. Und das ist richtig so.
Du alleine darfst entscheiden, zu wem du zärtlich sein möchtest. Deshalb
darfst du auch ruhig Nein sagen, wenn jemand etwas von dir will, was du
nicht möchtest.
Nein sagen zu etwas, was man nicht will, ist gar nicht so leicht. Nein sagen
ist eine Frage deines Selbstbewusstseins und du kannst es lernen.
Nein sagst du am besten mit deinem ganzen Körper. Stampfe mit dem Fuß
auf und rufe laut: „Nein!"
Hole dir Hilfe bei einem Erwachsen, den du magst, wenn dein Nein-Gefühl
zu groß wird.

Wann hast du schlechte Gefühle? Was magst du nicht?
Die Bilder oben helfen dir.

_____

_____

Wann hast du gute Gefühle? Was magst du?

_____

_____

Übe das Nein-Sagen vor dem Spiegel oder mit einem Partner.

Hast du die Seite fertig bearbeitet? Dann darfst du dir hinten einen Stern auf die Nummer 121 kleben.

45

Du bist einzigartig auf dieser Welt! Woran erkennt man dich? Wie lebst du?
Was macht dir Spaß? Was magst du nicht?
**Fülle den Körperumriss mit Dingen über dich! Du kannst zeichnen,
kleben, schreiben oder malen.**

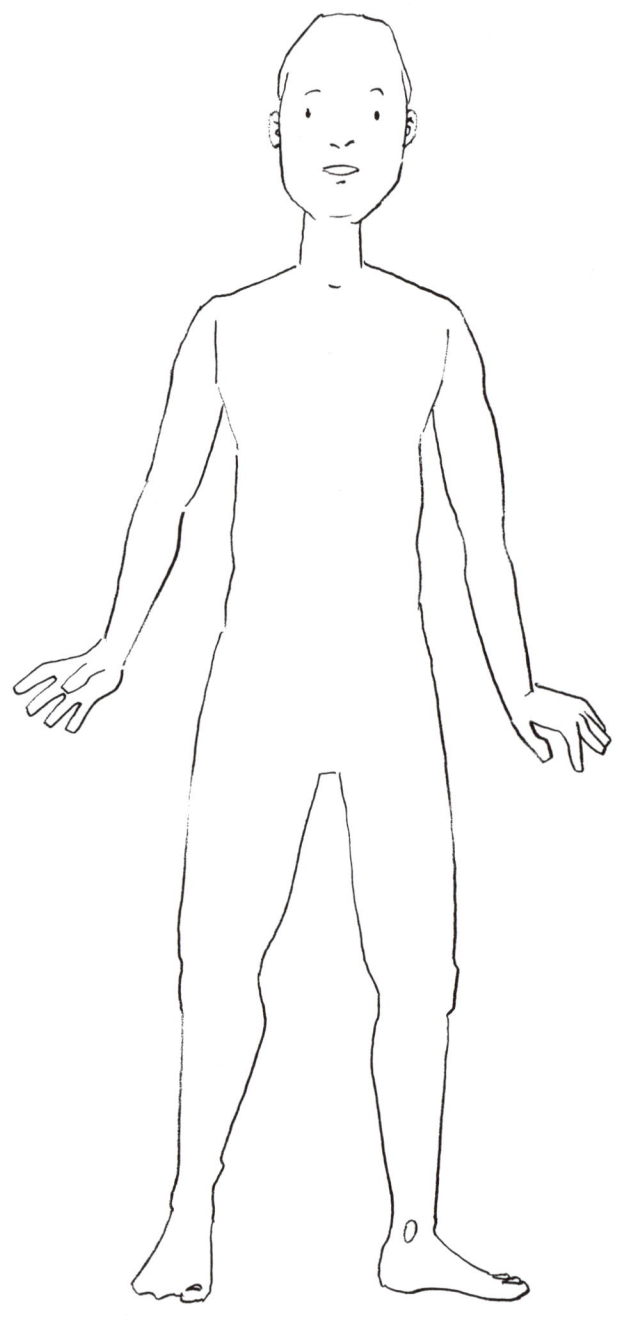

Jungen spielen Fußball und Mädchen spielen mit Puppen, oder? Früher war das vielleicht so, aber heute zum Glück nicht mehr. Jungen und Mädchen – Frauen und Männer haben viele verschiedene Interessen und übernehmen viele verschiedene Aufgaben.

Schau dir die Bilder oben an. Was machst du gerne? Warum?

_____

_____

Wie ist es bei dir zu Hause? Welche Aufgaben übernimmst du?

_____

_____

Was möchtest du einmal von Beruf werden? Warum?

_____

_____

Hast du die Seite fertig bearbeitet? Dann darfst du dir hinten einen Stern auf die Nummer 100 kleben.

47

Damit dein Körper gesund bleibt, ist eine gesunde Ernährung wichtig. Es gibt verschiedene Lebensmittelgruppen:

Fette und Öle	Getränke	Fisch, Fleisch und Eier	Milch und Milchprodukte

Süßigkeiten	Gemüse und Obst	Getreideprodukte

Die Ernährungspyramide zeigt dir, von welchen Lebensmittelgruppen du viel und von welchen du wenig essen solltest.

wenig

viel

Beschrifte die Ernährungspyramide.

Was stimmt? Kreuze die richtigen Regeln an.

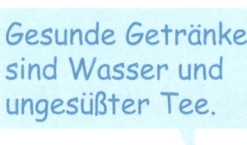

Gesunde Getränke sind Wasser und ungesüßter Tee.

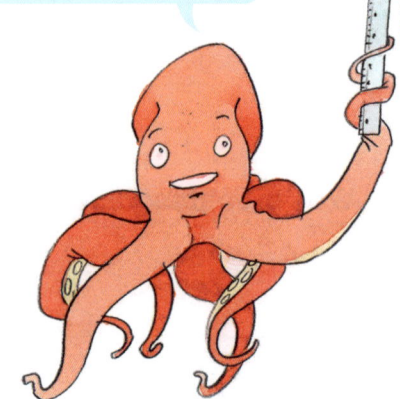

☐ Trinke viel. Dein Körper benötigt jeden Tag 2 Liter Flüssigkeit.

☐ Iss möglichst viele verschiedene Lebensmittel.

☐ Iss viele Süßigkeiten.

☐ Iss nur immer aus einer Lebensmittelgruppe.

☐ Iss am meisten Gemüse und Obst.

Welches Pausenfrühstück ist gesund, welches nicht?
Überprüfe mit der Checkliste und entscheide.

☐ wenig Zucker

☐ viel Obst und Gemüse

☐ verschiedene Lebensmittelgruppen

☐ gesundes Getränk

☐ gesund   ☐ ungesund

☐ wenig Zucker

☐ viel Obst und Gemüse

☐ verschiedene Lebensmittelgruppen

☐ gesundes Getränk

☐ gesund   ☐ ungesund

☐ wenig Zucker

☐ viel Obst und Gemüse

☐ verschiedene Lebensmittelgruppen

☐ gesundes Getränk

☐ gesund   ☐ ungesund

Wie soll dein gesundes Pausenfrühstück aussehen?
Welches Getränk wählst du? Zeichne und begründe deine Auswahl.

_____

_____

_____

_____

Hast du die Seite fertig bearbeitet? Dann darfst du dir hinten einen Stern auf die Nummer 84 kleben.

49

Mit der Nahrung nehmen wir wichtige Nährstoffe auf, die unser Körper braucht.

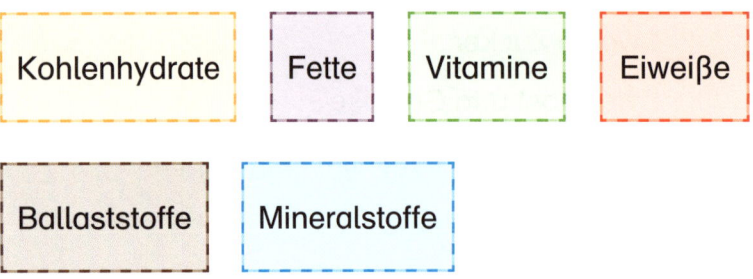

Kohlenhydrate   Fette   Vitamine   Eiweiße

Ballaststoffe   Mineralstoffe

1. Sie sind wichtig für die Verdauung.

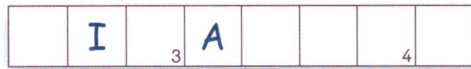

| B | | | | | 6 | | | | 1 | |

2. Sie schützen vor Krankheiten und regeln viele Körperfunktionen.

| | I | 3 | A | | 4 | |

3. Daraus werden Körperzellen gebildet.

| | | | | ß | |

4. Es gibt zwei Arten davon. Als Zucker liefern sie schnelle Energie, als Stärke langsame Energie.

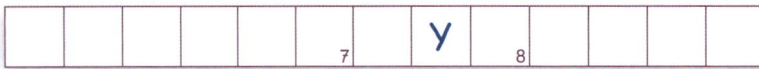

| | | | | 7 | Y | 8 | | | |

5. Sie sind zum Beispiel für die Knochen sehr wichtig.

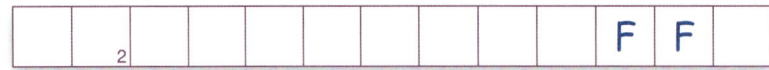

| | 2 | | | | | | | F | F | |

6. Es gibt davon pflanzliche und tierische. Die pflanzlichen sind gesund. Von den tierischen sollte man nur wenig essen.

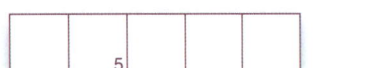

| | 5 | | |

Löse das Rätsel. Welches Lösungswort erhältst du?

| | | | U | | D | G | | U | | |
| 1 | 2 | 3 | | 4 | | | 5 | 6 | 7 | 8 |

Hast du die Seite fertig bearbeitet? Dann darfst du dir hinten einen Stern auf die Nummer 110 kleben.

**Von welchen Nährstoffen sind in den unterschiedlichen Nahrungs-
mitteln besonders viele enthalten? Folge den Linien und fülle die
Tabelle aus.**

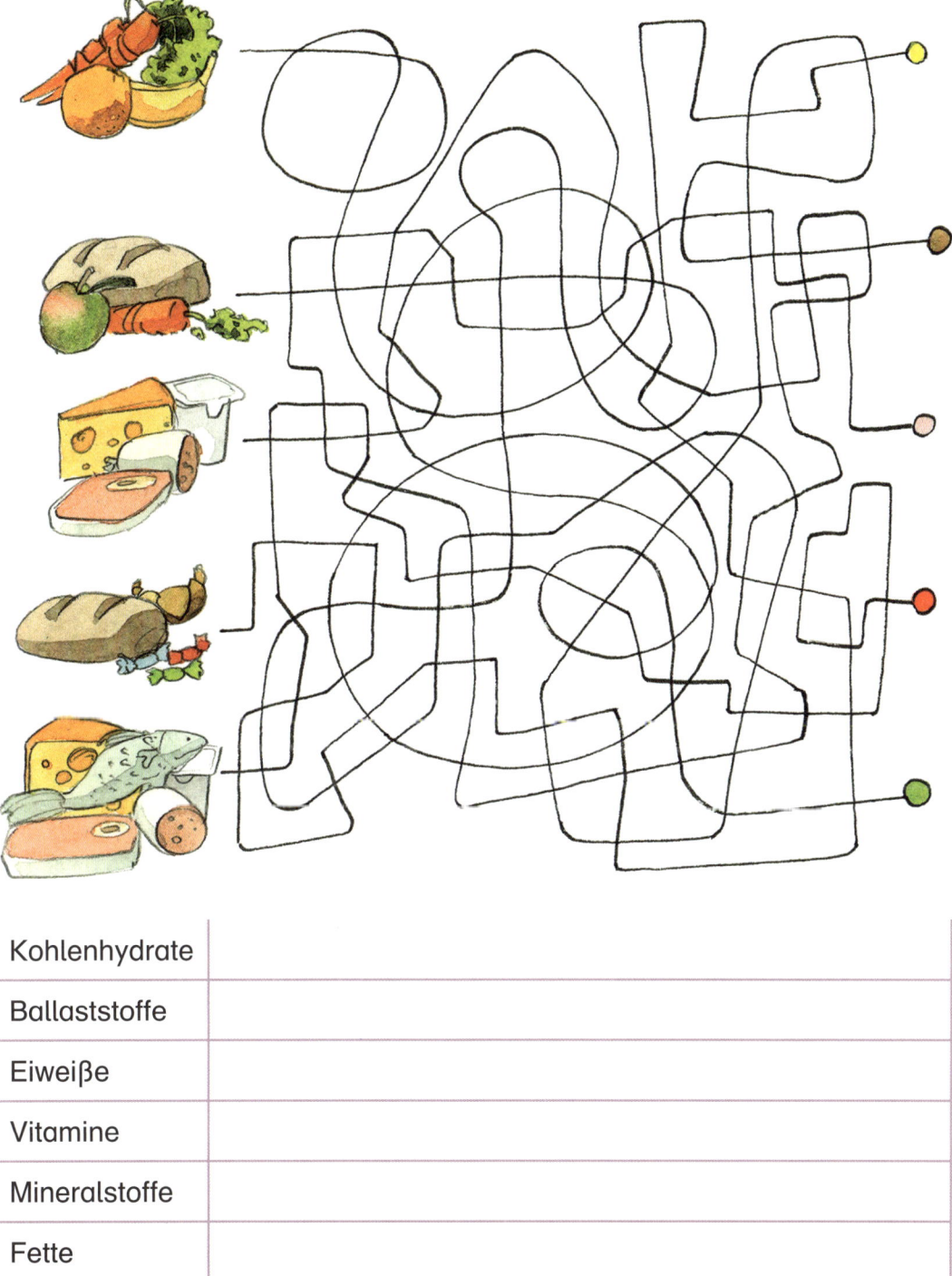

Kohlenhydrate	
Ballaststoffe	
Eiweiße	
Vitamine	
Mineralstoffe	
Fette	

Hast du die Seite fertig bearbeitet? Dann darfst du dir hinten einen Stern auf die Nummer 139 kleben.

51

Fett nachweisen.

Du benötigst:
- verschiedene Lebensmittel
- ein Löschblatt oder
  Filterpapier
- Bleistift
- Uhr

Tupfe und reibe die Lebensmittel nebeneinander auf das Papier.
Schreibe neben jeden Fleck, welches Lebensmittel es ist.
Warte 20 Minuten. Halte dann das Papier gegen das Licht. Wenn in den Lebensmitteln Fett enthalten ist, siehst du einen durchscheinenden Fleck.

In welchen Lebensmitteln konntest du Fett nachweisen?
Fülle die Tabelle aus.

Lebensmittel, die Fett enthalten	Lebensmittel, die kein Fett enthalten
_____	_____
_____	_____
_____	_____
_____	_____
_____	_____

Eiweiß nachweisen.

Du benötigst:
- etwas Milch in einem Glas
- Essig
- einen Löffel

Durch Säure im Essig wird Eiweiß flockig.

Gib einen Löffel Essig zu der Milch.
Was kannst du erkennen?

Du kannst auch andere flüssige Lebensmittel testen.

_____

Wasser nachweisen.

Du benötigst:
- einen Apfel in Stücken
- Plastikbeutel
- Gummiband

Lege die Apfelstücke in die Plastiktüte. Verschließe die Tüte mit dem Gummiband ganz fest. Lege die verschlossene Tüte an einen warmen Ort, z. B. auf die Fensterbank oder im Winter auf die Heizung.
Was kannst du beobachten? Schreibe auf.

_____

_____

Zuckerarten erkennen

Zucker gehört zu den Kohlenhydraten. Sie liefern dem Körper Energie.
Erhält der Körper mehr Energie als er benötigt, werden die Kohlenhydrate
als Fettzellen gelagert. Du wirst dick.
Außerdem wird dein Körper krank, wenn du ständig viel Zucker im Blut hast.
Daher ist es wichtig, dass du darauf achtest, nicht zu viel Zucker zu dir zu
nehmen.

Es gibt unterschiedliche Arten von Zucker. Manchmal heißen sie gar nicht
Zucker, sondern haben andere Namen.

Recherchiere im Internet, welche verschiedenen Zuckerarten es gibt.

_____

_____

_____

Auf Lebensmittelverpackungen wird angegeben, welche Inhaltsstoffe in
dem Lebensmittel stecken. Der Inhaltstoff, von dem am meisten in dem
Lebensmittel steckt, steht ganz vorne. Der Inhaltsstoff, von dem am
wenigsten enthalten ist, hinten.

**Markiere auf den Zutatenlisten der abgebildeten Lebensmittel
den Zucker.**

Edel-Zartbitterschokolade,
geröstete Getreideflocken,
Mehl, Glukose-Fruktose-
Sirup, Glukosesirup,
brauner Zucker, gezuckerte
Kondensmilch, Cornflakes
(aus Mais, Zucker, Salz,
Gerstenmalz), Zucker,
Honig, Salz, Gerstenmalz,
Karamellzuckersirup
100g

Mais, Zucker, Malz,
Salz, Emulgator,
Glukosesirup, Vitamine
und Eisen
100g

In Säfte wird kein zusätzlicher Zucker gegeben. Er besteht
nur aus den Früchten. Allerdings enthalten die Früchte sehr
viel Fruchtzucker. Daher zählen Säfte zu den Lebensmitteln
mit viel Zucker, auch wenn du auf der Zutatenliste keinen
Zucker finden kannst.

Mehl

Mehl wird aus Korn gemacht. Bestimmt
ist dir schon einmal aufgefallen, dass
es weißes Mehl gibt (Weißmehl) und
dunkleres Mehl (Vollkornmehl).

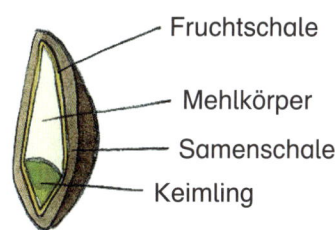

Fruchtschale

Mehlkörper

Samenschale

Keimling

**Überlege: Warum heißt Vollkornmehl
VOLL-KORN-Mehl? Und warum sieht es wohl dunkler aus?**

Was stimmt? Kreuze an.

☐ Vollkornmehl enthält mehr Vitamine und Mineralstoffe.

☐ Weißes Mehl enthält mehr Vitamine und Mineralstoffe.

☐ Vollkornmehl kann man nicht zum Backen nehmen.

☐ Vollkornmehl macht länger satt.

☐ Vollkornmehl ist gut für die Verdauung.

☐ Weißes Mehl schützt vor Krankheiten.

☐ Kinder sollten nur weißes Mehl essen.

Hast du die Seite fertig bearbeitet? Dann darfst du dir hinten einen Stern auf die Nummer 86 kleben.

55

Frühstücksmüsli
Dein Frühstücks-Müsli kannst du dir jeden Tag anders zusammenstellen.
Wähle aus:

1 Milchprodukt
Milch
Joghurt
Quark mit etwas Saft
Kefir

1-2 Getreidearten
Vollkornhaferflocken
Dinkelflocken
Getreideflakes

2-3 Obst-/Nusssorten
Apfelstücke
Bananenstücke
Erdbeeren
Rosinen
Walnüsse

Du kannst noch deine eigenen Ideen dazu schreiben.

Zum Süßen kannst du ein bisschen flüssigen Honig benutzen.
Schreibe das Rezept für dein Lieblingsmüsli auf.

Schnelles Brot
Zutaten: 1/2 Liter lauwarmes Wasser, 1/2 Teelöffel Honig,
1 vollen Teelöffel Salz, 1/2 Würfel Hefe, 600 Gramm Weizen-
vollkornmehl, 100 Gramm Kerne oder Nüsse
Ordne das Rezept – nummeriere.

	Lege die Kastenform mit dem Backpapier aus und gib den Teig hinein.
	Knete aus dem Hefewasser, dem Mehl und den Kernen einen Teig.
	Stelle zuletzt den Backofen auf 200 Grad und backe das Brot 60-70 Minuten.
	Vermische zuerst das Wasser, den Honig, das Salz und die Hefe, bis die Hefe aufgelöst ist.
	Schneide den Teig in der Form mit einem Messer längs ein.
	Stelle die Form mit dem Teig in den Backofen.

Lustige Brotgesichter

Das brauchst du:
- 2 Brotscheiben mit Frischkäse bestrichen
- Gemüse in Stückchen, Streifen und Scheiben, z. B. Radieschen, kleine Tomaten, Paprika, Gurken, Möhren, Petersilie, Kresse

Wie sollen deine Brotgesichter aussehen? Zeichne sie und schreibe die Zutaten auf.

Zutaten: _____

_____

_____

_____

_____

Zutaten: _____

_____

_____

_____

_____

Hast du die Seite fertig bearbeitet? Dann darfst du dir hinten einen Stern auf die Nummer 168 kleben.

57

Finde den richtigen Verdauungsweg.

START

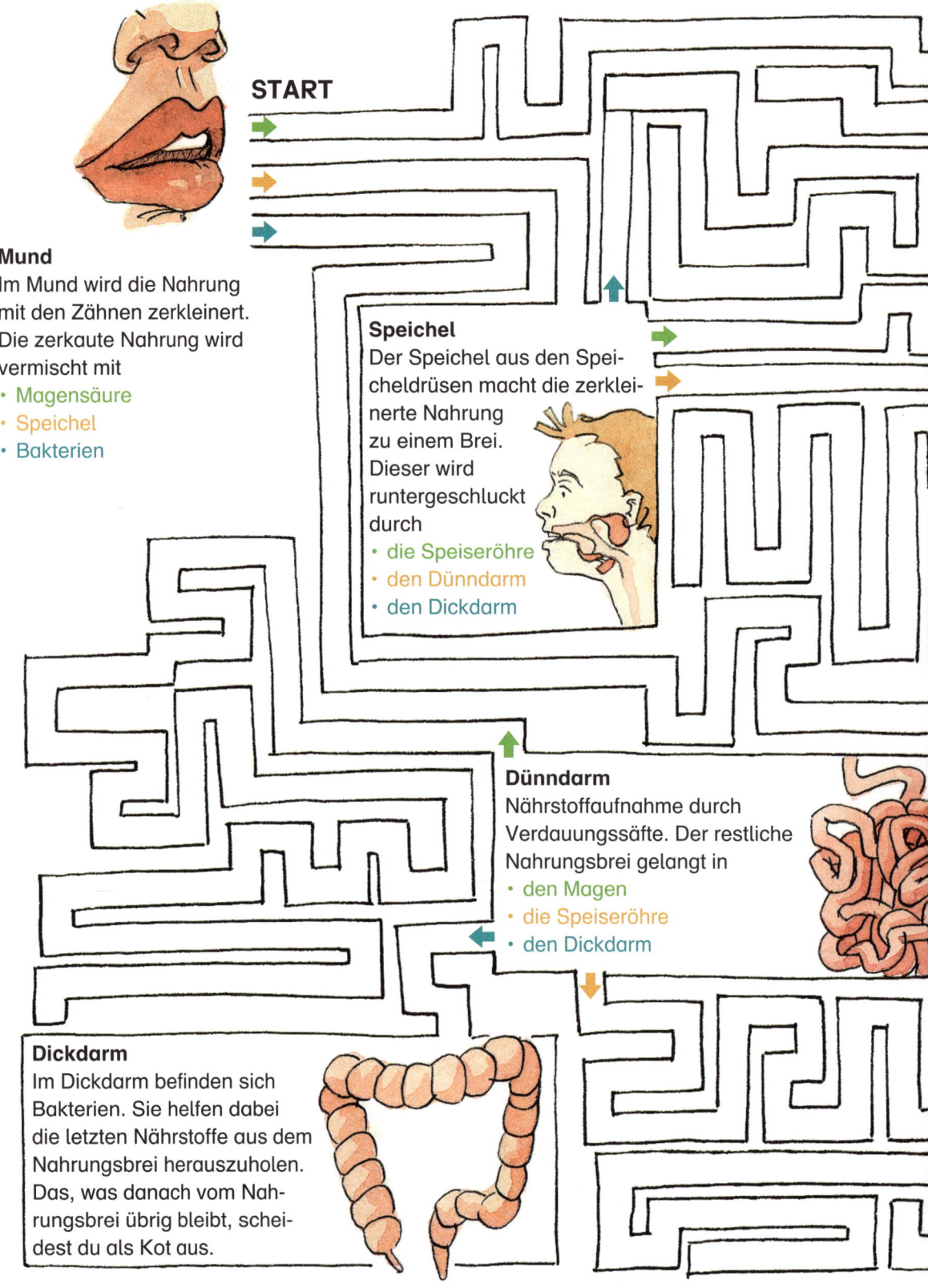

Mund

Im Mund wird die Nahrung
mit den Zähnen zerkleinert.
Die zerkaute Nahrung wird
vermischt mit
- Magensäure
- Speichel
- Bakterien

Speichel

Der Speichel aus den Speicheldrüsen macht die zerkleinerte Nahrung
zu einem Brei.
Dieser wird
runtergeschluckt
durch
- die Speiseröhre
- den Dünndarm
- den Dickdarm

Dünndarm

Nährstoffaufnahme durch
Verdauungssäfte. Der restliche
Nahrungsbrei gelangt in
- den Magen
- die Speiseröhre
- den Dickdarm

Dickdarm

Im Dickdarm befinden sich
Bakterien. Sie helfen dabei
die letzten Nährstoffe aus dem
Nahrungsbrei herauszuholen.
Das, was danach vom Nah-
rungsbrei übrig bleibt, scheidest du als Kot aus.

Speiseröhre
Von den Muskeln
der Speiseröhre
wird der Nah-
rungsbrei hinunter-
geführt und landet
· in der Bauch-
  speicheldrüse
· im Magen
· im Dünndarm

Magen
Im Magen zerkleinert die Magensäure den Nahrungsbrei noch mehr.
Sie vernichtet Bakterien. Dann
gelangt der Nahrungsbrei in
· den Dickdarm
· die Speiseröhre
· den Dünndarm

Hast du die Seiten fertig bearbeitet? Dann darfst du dir hinten einen Stern auf die Nummer 133 kleben.

59

Nicht nur gesunde Ernährung und genug Flüssigkeit erhalten dich gesund. Genauso wichtig ist es, dass du deinen Körper gut kennst und dich genügend bewegst.

Überlege: Wobei bewegst du dich tagsüber viel? Wobei bewegst du dich nicht oder nur sehr wenig? Kreuze an.

Aktivität	viel Bewegung	wenig Bewegung
Schulweg		
Unterricht		
Sportunterricht		
Hofpause		
Hausaufgaben machen		
mit Freunden treffen		
Fernsehen		
Computer spielen		
Sportverein		
draußen spielen		

Was könntest du noch tun, damit du dich mehr bewegst? Wichtig ist, dass es dir auch Spaß macht. Notiere deine Ideen und probiere jeden Tag etwas davon aus.

_____

_____

_____

_____

_____

_____

Um deinen Körper besser kennenzulernen und dich zu bewegen, kannst du dieses Spiel ausprobieren.
Baue dir eine Hindernisstrecke mit unterschiedlichen Hindernissen auf.
Als Hindernisse kannst du z. B. einen Stuhl, ein Seil zum Balancieren und Bücher als Hindernisstrecke verwenden. Lege dir ein Kissen auf den Kopf und überwinde die Hindernisstrecke. Das Kissen darf nicht herunterfallen.
Wie soll deine Hindernisstrecke aussehen? Zeichne sie.

Genauso wichtig wie viel Bewegung sind jedoch Pausen. Dann hast du Zeit, ganz ruhig zu werden und deinen Körper zu spüren. Du kannst dich entspannen.

Suche dir für die Entspannungsübungen einen ruhigen und gemütlichen Ort.

Spüre deinen Atem

Übung 1
Lege dich auf den Rücken. Lege beide Hände auf deinen Bauch. Atme ruhig und regelmäßig ein und aus. Spüre wie dein Bauch sich bewegt.

Übung 2
Lege nun die Arme rechts und links neben deinen Körper. Die Handinnenflächen zeigen nach oben. Atme nun wieder ruhig und regelmäßig ein und aus. Beim Ausatmen drehst du die Handflächen nach unten, beim Einatmen wieder nach oben.

	Wie hast du dich bei der Übung gefühlt?	Hast du dich nach der Übung anders gefühlt als vor der Übung? Wie?
Übung 1		
Übung 2		

Hast du die Seite fertig bearbeitet? Dann darfst du dir hinten einen Stern auf die Nummer 73 kleben.

61

Zum Lernen benötigst du Konzentration. Konzentration bedeutet, dass du dich nur mit einer Sache beschäftigst und dich nicht ablenken lässt. Deine Konzentrationsfähigkeit ist nicht den ganzen Tag über gleich. Es gibt Tageszeiten, da kannst du dich besonders gut konzentrieren. Zu anderen Tageszeiten fällt es dir schwerer.

Finde heraus, zu welcher Tageszeit du dich gut konzentrieren kannst. Das dauert wahrscheinlich ein bisschen. Du musst vielleicht verschiedene Tageszeiten ausprobieren. Hast du es herausgefunden, versuche immer zu diesem Zeitpunkt deine Hausaufgaben zu machen und zu lernen.

Tageszeit	Konzentration fällt mir leicht	Konzentration fällt mir schwer
direkt nach der Schule		
nach dem Mittagessen		
nach einer Spielpause		
nach dem Abendessen		

Die beste Tageszeit zum Lernen ist für mich: _____

Pausen

Niemand kann sich ohne Pause konzentrieren. Grundschulkinder können sich ungefähr 20 Minuten konzentrieren. Es ist wichtig, dass du merkst, wann deine Konzentration nachlässt. Dann solltest du eine Pause machen, etwas trinken und dich bewegen.

Dafür kannst du das Spiel und die Übungen auf den Seiten 60 und 61 nutzen.

Du kannst dir auch selbst eine Entspannungsübung ausdenken.

Hast du die Seite fertig bearbeitet? Dann darfst du dir hinten einen Stern auf die Nummer 47 kleben.

Um gut deine Hausaufgaben zu machen und gut zu lernen, benötigst du einen geeigneten Platz.

Überprüfe, ob dein Lernplatz geeignet ist. Kreuze an.

	stimmt	stimmt nicht
An meinem Lernplatz habe ich meine Ruhe.		
Mein Lernplatz ist schön hell.		
Ich kann dort bequem sitzen.		
Ich habe genug Schubladen oder Fächer, um meine Arbeitsmaterialien aufzubewahren.		
Mein Lernplatz ist aufgeräumt.		
Alle Materialien, die ich brauche, sind an meinem Lernplatz.		
Mein Lernplatz gefällt mir.		

Falls du einmal oder mehrmals „stimmt nicht" angekreuzt hast: Überlege, was du ändern könntest, damit dein Lernplatz sich verbessert. Notiere deine Ideen:

_____

_____

Schlafen

Damit dein Körper gesund bleibt und du dich gut fühlst, ist es wichtig, dass du genug schläfst. Nur dann kann dein Körper sich gut erholen. Schulkinder benötigen ungefähr 9-11 Stunden Schlaf. Einige benötigen etwas mehr, andere etwas weniger. Das kann von Kind zu Kind verschieden sein. Wichtig ist, dass du dich tagsüber fit fühlst.

> So kannst du besser einschlafen: Gehe immer ungefähr um die gleiche Zeit schlafen. Schaue keine aufregenden Filme vor dem Einschlafen.

Wie viele Stunden schläfst du?

Ich gehe um _____ Uhr ins Bett. Ich stehe um _____ Uhr auf.

Ich schlafe also _____ Stunden.

Hast du die Seite fertig bearbeitet? Dann darfst du dir hinten einen Stern auf die Nummer 114 kleben.

63

Wie viele Tage kann ein Mensch überleben, ohne zu trinken?

☐ 3-4 Tage ☐ 5-6 Tage ☐ 12-13 Tage

Mit etwa 6 Jahren fallen die ersten Zähne des Milchgebisses aus. Wie viele Zähne hat ein Erwachsener im Mund?

☐ 30 ☐ 32 ☐ 34

Das menschliche Skelett besteht aus vielen einzelnen Knochen. Aus wie vielen?

☐ aus über 100 ☐ aus über 1800 ☐ aus über 200

Um sich bewegen zu können, brauchen wir Menschen Muskeln. Doch wie viele haben wir ungefähr in unserem Körper?

☐ über 600 ☐ über 7000 ☐ über 80

Unser Herz schlägt ohne Pause. Wie oft ungefähr in der Minute?

☐ 70 ☐ 700 ☐ 420

Durch Schwitzen, über den Urin, durch die Atmung verliert der Körper täglich Wasser. Wie viel insgesamt?

☐ ca. 1,0 l ☐ ca. 5,0 l ☐ ca. 2,5 l

Jeden Tag fallen uns Haare aus. Weißt du, wie viele es täglich ungefähr sind?

☐ bis zu 10 ☐ bis zu 50 ☐ bis zu 100

Wie viele Stunden Schlaf brauchst du pro Nacht?

☐ 4-5 h ☐ 9-11 h ☐ 18-20 h

Die Zeit, in der aus einem Kind ein Erwachsener wird, nennen wir Pubertät. Diese Zeit dauert einige Jahre. Wie viele?

☐ ca. 2 Jahre ☐ ca. 6 Jahre ☐ ca. 10 Jahre

Hast du die Seite fertig bearbeitet? Dann darfst du dir hinten einen Stern auf die Nummer 154 kleben.